자녀의 **삶**에
기도의
울타리를 쳐라

ⓒ 2014 by Mark Batterson Original published in English
as Praying Circles Around the Lives of Your Children
by Zondervan, Nashville, TN, USA. All rights reserved.

This Korean Edition Copyright ⓒ 2014 by Seoul Logos Co.,
Seoul, Republic of Korea. Published by arrangement
with The Zondervan Corporation L.L.C.,
a division of HarperCollins Christian Publishing, Inc.
through rMaeng2, Seoul, Republic of Korea.

이 책의 한국어판 저작권은 알맹2 에이전시를 통하여 Zondervan과
독점계약한 서울말씀사에 있습니다. 저작권법에 의해 한국 내에서
보호를 받는 저작물이므로 무단전재와 무단복제를 금합니다.

자녀의 삶에 기도의 울타리를 쳐라

초판 1쇄 발행 2014년 10월 30일
초판 9쇄 발행 2024년 05월 28일

지 은 이 마크 배터슨

펴 낸 곳 더드림
출판등록 제2016-000172호

주　　소 서울시 영등포구 은행로 55, 5층
전　　화 02) 846-9222
팩　　스 02) 846-9225
발 행 처 서울말씀사

ISBN 978-89-8434-669-7 03230

*책 값은 뒤표지에 있습니다.

더드림THE DREAM은 서울말씀사의 도서브랜드입니다.

자녀의 삶에 기도의 울타리를 쳐라

Praying Circles Around the Lives of Your Children

마크 배터슨(Mark Batterson) 지음
이정선 옮김

더드림

추천사

《자녀의 삶에 기도의 울타리를 쳐라》 *Praying Circles Around the Lives of Your Children*에서 마크는 기도를 통하여 온 가족이 하나님을 사랑하며 그분께 더욱 가까이 나아가도록 하는 방법을 제시하고 있다. 기도를 통해 하나님과의 거룩하고 지속적인 관계를 갖도록 하는 전략들을 제시한다. 나는 이것이 부모가 자녀에게 줄 수 있는 최고의 유산이라고 생각한다.

—게리 스몰리(Gary Smalley) 박사, 《The DNA of Relationships》의 저자

마크 배터슨이 또 해냈다! 그는 나로 하여금 자녀들과 손주들을 위해 기도해야 한다는 열망이 가득하게 하였다. 마크는 기도에 관한 실제적이면서도 흥미로운 방법들을 제시하였다. 나는 그것들이 너무 좋다! 이 책을 읽고 그 자료들을 활용하여 당신이 사랑하는 사람뿐만 아니라 당신이 사랑하지 않는 어떤 사람들의 주위에 기도의 원을 그려라!

—룻 그레이엄(Ruth Graham), 《Every Pew Sits A Broken Heart》의 저자

부모로서 우리는 자녀들을 위하여 기도해야 함을 잘 알고 있다. 《자녀의 삶에 기도의 울타리를 쳐라》는 거기에서 한 걸음 더 나아간다. 자녀를 위한 기도에 실제로 활용할 수 있는 방법들과 아이디어를 제시한다. 또한 기도에 관한 성령의 영감으로 가득하다. 자녀들을 위해 기도하기 원하는 모든 부모들에게 실제적인 도움을 줄 것이다.

—셰리 서랫(Sherry Surratt), MOPS 인터내셔널 CEO 겸 회장

Contents

01. 부모가 남길 수 있는 가장 위대한 유산, 기도   07
02. '기도의 원' 그리기   25
03. 일곱 개의 기도의 원   45
04. 첫 번째 원 : 말씀에 기도의 원 그리기   55
05. 두 번째 원 : 기도제목 만들기   83
06. 세 번째 원 : 반복기도하기   99
07. 네 번째 원 : 보호의 울타리 치기   121
08. 다섯 번째 원 : 기도하는 자녀로 만들기   141
09. 여섯 번째 원 : 말씀을 붙들고 기도하기   161
10. 일곱 번째 원 : 기도의 축복이 후손에게 흐르게 하기   171
11. 훈육의 기회   195
12. 기도하는 자가 감당해야 할 것   205

Chapter 01

부모가 남길 수 있는
가장 위대한 유산, 기도

"오직 너는 스스로 삼가며 네 마음을 힘써 지키라
그리하여 네가 눈으로 본 그 일을 잊어버리지 말라
네가 생존하는 날 동안에
그 일들이 네 마음에서 떠나지 않도록 조심하라
너는 그 일들을 네 아들들과 네 손자들에게 알게 하라" 신 4:9

나는 우리 가족으로부터 존경 받는 사람이 되고 싶다. 그것은 내 마음 깊은 곳의 갈망이다. 나는 하나님께서 주신 세 자녀를 양육하는 일이 수천 명의 교인들을 목양하는 일보다 훨씬 중요하고도 어려운 일이라고 생각한다. 아이를 낳아 키워 보니, 자녀를 잘 양육한다는 것은 보통 어려운 일이 아니라는 것을 깨닫게 되었다. 자녀 양육에 비하면 다른 어려움은 그다지 크게 다가오지 않는다.

부모의 역할은 하나님께서 주신 매우 귀한 사역이다. 아마 모든 부모들이 이 의견에 동의할 것이다. 그럼에도 불구하고 자녀를 양육하는 일에 최우선순위를 두는 부모는 그리 많지 않은 것 같다.

앞서 말했듯이, 나는 가까운 사람들로부터 존경을 받는 사람이 되고 싶다. 여기에서 '가까운 사람들'이란 다름 아닌 우리 가족들이다. 나는 그것이 진정한 성공이라고 생각한다. 그런데 그것은 말처럼 쉬운 일이 아니다.

최근에 나는 아이들을 양육하는 데 지쳐서 낙심하고 있는 아내 로라Lora에게 이렇게 말했다.

"아이들이 커서 집을 떠난 후에야 비로소 자녀양육이란 게 무엇인지 알 수 있을 것 같아!"

아이들은 언제나 똑같은 모습을 하고 똑같은 장소에 서 있는 것이 아니다. 그들은 계속 성장하고, 계속해서 변화한다. 그래서 "자녀양육이란 이런 것이다"라고 결론을 내릴 수 있는 시점은 없다. 아기를 어떻게 돌봐야 하는지를 좀 파악했다고 생각하는 순간 걸음마를 시작하고, 이제 겨우 잘 걷게 되었다고 생각하는 순간 금방 십대가 되고, 어느새 20대가 된다. 그러므로 우리 부모들은 매번, 곧바로, 자녀를 어떻게 양육해야 하는지에 대해서 아무것도 모르는 백지상태로 돌아가게 된다! 결국 자녀를 양육한다는 것은 "출구 없는 롤러코스터를 18년 동안 타는 것과 같다"고 말하고 싶다. 마치 롤러코스터를 타는 것과 같이, 아이들 때문에 '비비 꼬인 관계와 뒤죽박죽이 된 감정'으로 천국과 지옥을 오가게 될 것이다. 그럴 때 우리 부모들이 할 수 있는 일은 단지 '안전띠를 단단히 매고 주의 사항을 잘 이해한 다음 드라이브를 즐기는 것!'이다. 동감하는가? 자녀 양육을 그저 "즐기라!"

> 기도는 부모들이 할 수 있는 최선의 일이다.

부모로서 우리는 아무리 조심해도 실수를 하게 될 것이다. 아니 실수를 남발하게 될 지도 모르겠다. 특히 우리가 그토록 애지중지하는 '첫 아이' 때에는 더욱 그럴 것이다. 그런데 다른 모든 부분에서는 실수를 한다고 해도, 실수해서도 실패해서도 안 되는 것이 있다. 그것은 자녀들을 위해서 매일 하나님께 기도하는 것이다! 기도는 부모들이 할 수 있는 최선의 일이다. 기도는 자녀의 문제에 대한 최고의 해결책이다.

나쁜 소식, 좋은 소식, 그리고 가장 좋은 소식

당신에게 나쁜 소식과 좋은 소식, 그리고 정말 좋은 소식을 전해 주겠다.

나쁜 소식은, 자녀들을 양육하다 보면 거의 매일 '실패'를

> 어느 순간, 당신이 정말 싫어하는 방식으로 자녀들을 대하고 있는 자신을 발견하게 될 지도 모르겠다.

경험하게 될 것이라는 사실이다. 오늘 살았던 하루를 반납하고 다시 살고 싶을 정도로 실패감을 느끼는 날이 많을 것이다.

당신이 혹시 그런 날을 만나게 된다면, 이렇게 하라. 그날은 일단 잠자리에 들라! 그리고 다음 날 아침 일어나 다시 시작하라. 다시 시작하기 위해서 푹 자는 것만큼 도움이 되는 것도 없다. 그런데 갓난아이의 엄마아빠라면 그런 사치를 누릴 수도 없을 것이다. 그런 상황일수록 감사하자. 밤에 재우는 것이 힘들었던 아이가 어느 날엔가는 아침에 깨우는 것이 힘든 아이가 될 때가 금방 온다는 것을 기억하자. 그러므로 현재를 누리고 감사하는 것이 최선이다.

나는 나를 가장 잘 아는 사람들로부터 존경 받는 사람이 되는 것을 인생의 성공으로 생각한다. 그런데 그것은 한 마디로 '꿈!'이다. 현실적으로 보면, 나는 아버지로서 완전히 실패했다는 느낌을 받은 적이 한두 번이 아니었다. 나 자신이 이중인격자처럼 느껴질 때도 있다. 그럴 땐 정말 나는 나 자신이 너무도 싫어진다.

어느 순간, 당신이 정말 싫어하는 방식으로 자녀들을 대하고 있는 자신을 발견하게 될 지도 모른다. 당신이 가장 싫어하는 아버지, 어머니의 모습이 당신 자신이라니!

　자녀를 양육하는 것은 엄청 망가진 머리 모양을 하고 거울을 들여다보는 것과 같다. 또한 당장 찢어 버리고 싶은 촌스러운 옛날 사진을 들여다보는 것과도 같은 느낌이라고 말하고 싶다. 아이들이 우리를 얼마나 겸손하게 만드는지! 이제 겨우 식탁 예절을 좀 가르쳤다고 생각하는 바로 그 순간, 그들은 가장 좋지 않은 타이밍에 실없는 소리를 한다거나 방귀를 뀌어서 당신을 실망시킬 것이다. 물론 그런 짓도 당신한테 배운 것이긴 하지만 말이다.

　존 윌멋John Wilmot은 이렇게 말했다.

　"결혼하기 전에 나는 자녀양육에 대해 많은 이론을 가지고 있었다. 그런데 지금은 여섯 명의 아이들이 있지만, 그 어떤 이론도 가지고 있지 않다."

　자녀를 키우는 일만큼 당신으로 하여금 조심하게 하는 것도 없을 것이다. 우리 큰아들 파커가 아장아장 걸어다닐 무렵 내가 얼마나 자격이 없는 아빠인지를 깨닫게 하는 사건이 있었다. 어느 날 밤 아이가 끊이지 않고 울어댔는데, 나는 도대체 그 아이가 왜 우는지 알 수 없었고, 잠결에 은근 짜증이 났다. 아이는 한밤중에 자다 말고 우리 방으로 기어들어와서 나에게 엎어졌다. 나는 너무 피곤해서 일어나지도 않고 그냥

> 자식을 낳아 키우기 전까지는 하늘에 계신 아버지를 제대로 이해하지 못할 것이다.

팔을 뻗어 아이를 침대 위로 끌어 올렸다. 그런데 이게 웬일인가? 아이의 엉덩이가 엉망이 되어 있었다. 기저귀 채우는 것을 잊어버렸던 것이다. 얼마나 미안한지 눈물이 날 정도였다!

다른 얘기이지만, '기저귀'diaper라는 단어를 거꾸로 읽으면 '보답'repaid이 된다. 얼마나 적절한가! 우리의 자녀들이 자식을 낳아 키우기 전까지는 부모의 희생을 제대로 이해하지 못하는 것처럼, 당신도 자식을 낳아 키우기 전까지는 하늘에 계신 아버지를 제대로 이해하지 못할 것이다.

나는 신학을 공부하여 세 개의 학위를 받았지만, 그 어떤 신학에서도 하늘 아버지의 마음이 아빠의 마음과 같다는 것을 배우지 못했다.

나는 자녀들을 미치도록 사랑하지만, 동시에 그들이 나를 미치게 할 때가 한두 번이 아니다. 그럴 때마다 나는 우리의 끊임없는 불평과 이따금씩 폭발하는 짜증, 그리고 뻔뻔한 불순종에 대한 하나님의 무한하신 인내를 떠올린다. 놀라운 일 아닌가?

자녀를 키우다 보면, 인내심의 한계를 느낄 때가 한두 번이 아닐 것이다. 자신도 모르게 버럭 화를 낼 때가 수다할 것이며, 정말 꼭지가 돌 정도가 되어 금방이라도 폭발하려는 감정을 억눌러야 할 경우가 허다할 것이다. 잘해 보려고 하지만, 실수를 연발하게 될지도 모른다.

그러나 좋은 소식이 있다. 당신이 실수하는 바로 그 순간이 당신에게 온 또 한 번의 기회라는 것이다. 당신이 실수했을 때, 당신 자녀들에게 쿨하게 사과해 보라. 당신의 사과를 통해 아이들은 어떻게 사과해야 하는지, 어떤 순간에 사과를 해야 하는지를 배우게 될 것이다.

당신이 아이들에게 사과함으로써 모범을 보여 주지 않는다면, 당신의 자녀들은 어디에서 사과하는 것을 배울 것인가? 당신이 실수하여 자녀들에게 사과할 때, 자녀들은 자신들의 잘못에 대해 "죄송합니다"라고 다른 사람에게 말하는 것을 배우게 되는 것이다. 이는 당신 자녀들이 배워야 할 가장 중요한 교훈이 아니던가.

나는 자녀들에게 다음 세 가지 단어를 가르친다. 그것은 '부탁해' please, '미안해' sorry, '고마워' thanks이다. 다른 어떤 것을 가르치는 데 실패한다고 해도 나는 자녀들에게 이 세 단어만은 꼭 잘 말하고 잘 행할 수 있도록 가르칠 것이다. 그들이 '부탁해, 미안해, 고마워'라고 말하는 것을 어려워하지

> 기도가 최우선순위가 되게 하라.

않는다면, 그들은 결혼 생활과 인간관계에서 행복을 맛볼 수 있게 될 것이다. 더 나아가 하나님과의 관계에서도 행복하게 될 것이다.

마지막으로, 가장 좋은 소식은 기도할 수 있다는 사실이다! 부모로서 당신은 허다한 실수를 하고, 또 죄를 지을 수도 있지만 기도는 그 모든 실수와 죄를 덮는다. 당신은 결코 완벽한 부모가 될 수 없다. 그러나 기도하는 부모가 될 수는 있다. 기도는 부모로서 당신이 갖는 최고의 특권이다. 그러나 한 가지 기억할 것은, 다른 모든 것을 다 해 본 후에, 다른 모든 것을 실패한 이후에 기도하러 하나님 앞에 나오지 말라는 것이다. 기도가 마지막 수단이 되게 하지 말라.

기도가 최우선순위가 되게 하라. 자녀양육에 있어서는 더더군다나 기도가 최우선이 되어야 한다. 당신이 자녀를 위해 그 어떤 것을 투자한다고 해도 자녀를 위한 기도만큼 더 귀한 가치의 투자는 없을 것이다. 그 기도의 영향력은 당신 자녀의 세대를 넘어 영원히 남게 될 것이다. 하나님은 당신이 죽은 후에도 오랜 세월에 걸쳐 당신이 당신 자녀를 위해 기도했던 것에 응답하실 것이기 때문이다. 기도는 평범한 부모들을 예언자로 바꾸어 놓는 마법과 같은 도구이다. 그 도구를 통해 당신은 당신 자녀들과 손주들과 그 뒤에 오는 후손들의 삶에까지 영향을 미칠 수 있다.

기도의 계보

인생을 살다 보면 한 번의 결정이 사람의 운명을 바꾸어 버릴 때가 있다. 마찬가지로, 한 번의 기도가 그럴 수 있다. 당신의 영적 삶의 역사를 더듬어 본다면, 중요한 고비마다 헤아릴 수 없이 많은 기도의 응답들이 있었음을 발견하게 될 것이다. 당신이 태어나기도 전에, 아직 이름도 지어지기 전에, 당신의 부모는 당신을 위하여 기도하고 있었을 것이다.

위기의 순간과 고비에서 가족과 친구들이 당신을 위하여 간구했을 것이고, 당신이 전혀 알지 못하는 수천 명의 사람들이 당신을 위하여 기도해 왔을 것이다. 그것들을 전부 모아 놓으면 당신의 '기도 계보'가 된다.

확신하건대, 당신이 살면서 받았던 축복들을 비롯하여 어려움을 극복할 수 있었던 힘, 그리고 기적이라고밖에 생각할 수 없었던 사건들 뒤에는 당신 자신의 기도가 있었을 뿐만

> 우리가 드린 기도는 절대로 죽지 않는다.

아니라, 누군가가 당신을 위해 올려드렸던 기도가 있었을 것이다.

하나님께서 시간과 공간의 장막을 거두시고 우리의 기도와 그분의 응답하시는 시점들을 이으심으로써 그분의 주권을 드러내시는 날이 영원의 가장 영광스럽고도 귀한 날이 될 것이다. 그 기도의 끝없는 연결선들은 모든 나라와 모든 세대를 오가며 촘촘히 얽혀 있다. 그리고 마침내 하나님께서 그의 기묘하고 신비로운 길들을 드러내실 때, 우리는 무릎을 꿇고 그분을 예배하지 않을 수 없을 것이다. 우리는 그가 응답하신 기도들로 인하여 감사할 것이다. 또한 그가 응답하시지 않은 기도들로 인하여 감사할 것인데, 그제서야 그분께서 우리의 기도에 왜 응답하지 않으셨는지를 깨닫게 될 것이기 때문이다. 또한 우리는 이미 응답되었지만 우리가 깨닫지 못하고 있었던 기도들을 발견하고 감사할 수밖에 없을 것이다.

우리 할아버지 엘머 존슨은 내가 여섯 살 때 돌아가셨지만, 그의 기도는 사라지지 않았다. 우리가 드린 기도는 절대로 죽지 않는다. 내 인생에서 가장 감동적이고 섭리적인 순간들은 성령께서 "마크, 할아버지가 하나님께 드린 기도들이 지금 네게 응답되고 있단다!"라고 속삭여 주실 때이다.

우리 할아버지 존슨은 밤마다 잠자리에 들기 전에 무릎을 꿇고 보청기를 뺀 다음 가족을 위하여 기도하는 습관을 가지고 계셨다. 그는 자신의 목소리를 들을 수 없었지만, 집 안의 다른 모든 사람들은 그분께서 기도하는 목소리를 들을 수 있었다. 누군가가 당신을 위하여 중보기도하는 소리를 듣는 것만큼 행복한 일은 없을 것이다. 우리 할아버지께서 우리를 위해 기도하셨던 그 목소리는 내 영혼에 새겨져 지금까지도 내 귓전에 남아 있다.

이제 나도 할아버지의 뒤를 따르려고 한다. 하루를 시작하는 가장 멋진 방법은 하나님께 기도하는 것이다. 아침에 일어나서 하루를 시작하는 나의 첫 생각과 나의 첫 말들이 하나님을 향하게 된다. 나는 또한 잠들어 있는 우리 아이들 곁에서 기도한다. 하루를 마감하는 가장 멋진 방법도 하나님께 기도하는 것이기 때문이다.

모든 사람이 나처럼 부모나 할머니 할아버지로부터 기도의 유산을 물려받은 것은 아닐 것이다. 그것만을 탓하고 있을 것인가? 그럴 수는 없다. 당신이 기도의 유산을 물려받지 않았을지라도, 당신은 기도의 유산을 자녀들에게 물려줄 수는 있다. 당신의 가계에 새로운 기도의 전통을 세울 수 있다. 자, 이제부터 시작하자!

하루 중 가장 중요한 10분

나는 하루 중에서, 우리 아이들이 학교에 가기 전에 그들과 함께 보내는 10분을 가장 귀하게 생각한다. 몇 년 동안 우리 가족은 '가족 경건의 시간'을 갖는 데 실패했다. 규칙적인 시간을 가질 수가 없었기 때문이다. 여러 번 시도했지만 번번이 실패하곤 했다.

그러다가 파커가 고등학교에 들어가기 전 월요일 아침에 아내와 나는 함께 커피를 마셨다. 목회를 하는 우리는 월요일이 안식일인 셈이다. 우리는 우리의 결혼 생활, 자녀들, 인생 계획, 돈 문제 등에 관하여 얘기를 나눴다. 대화를 이어가던 중 나는 나의 실패감에 대해서 솔직하게 이야기했다. 로라는 자신의 아버지가 어떻게 하셨는지에 대해 말해 주었다. 나는 그분이 하신 대로 하기로 하였다.

나의 장인어른은 그 누구보다 꾸준하게 그리고 집중적으로 기도하시는 분이었다. 그것이 내가 나의 책 《써클 메이커》 *Circle Maker*를 장인어른에게 헌정한 이유이다. 그는 모든 일에 대하여 기도했다. 내가 로라와 결혼하는 것을 허락해 달라고 했을 때 그의 대답은 기도해 보겠다는 것이었다. 장인어른은 일주일 동안 연락이 없었다. 그 때가 내 생애에서 가장 긴 일주일이었다!

장인어른은 개척교회에서 목회를 하셨는데, 무척 바쁘셨다. 그럼에도 불구하고 그는 매일 아이들이 학교에 가기 전에 함께 경건의 시간을 가졌다. 그때 로라는 십대였는데, 그 경건의 시간을 항상 좋아했던 것은 아니었다고 고백했다. 대부분의 십대들이 그렇듯이 말이다. 그러나 장인어른이 세상을 떠난 지 10년도 넘은 지금, 그 경건의 시간은 그녀에게 있어서 가장 소중한 추억으로 남아 있다고 한다.

가족 경건의 시간을 갖는 데 있어서 가장 큰 어려움은 꾸준한 시간과 장소를 만드는 것이다. 매일 똑같은 시간을 확보하기란 쉽지 않다. 당신의 아이들은 축구를 하거나 수영 레슨을 받기도 할 것이고, 피아노를 배우러 학원을 다니거나 학교 방과후활동 때문에 매우 바쁠 것이다. 아이가 한 명만 해도 그렇다. 그런데 아이가 셋, 넷이 된다면, 어떻게 꾸준하게 경건의 시간을 가질 수 있을까?

그러나 가능하다. 당신의 삶 속에서 매일 자녀들과 함께하는 일이 무엇인지 살펴보라. 당신이 매일 저녁 아이들을 재운다면, 그때 그들과 함께 기도하면 될 것이다. 그런데 좀 장성한 아이라면 그것이 어려울 수 있다. 아이들이 당신보다 더 늦게 잠자리에 들 것이기 때문이다.

로라가 자신의 아버지와 함께 가졌던 아침 경건의 시간에 대해 말해 주었을 때, 나는 매우 귀한 아이디어를 얻었다. 하루의 처음 몇 분을 활용해야겠다는 생각을 붙잡았다. 그래서 나는 파커가 고등학교에 들어가는 첫날부터 아침에 그와 함께 성경을 읽고 기도하기를 시작했다.

날마다 경건의 시간이 성공적이었을까? 천만의 말씀! 학교에 늦어져 후다닥 뛰어나가야 하는 날도 있었다! 그러나 나는 아이들과 함께 기도하기로 결단했고, 그 만남의 순간들은 하루 중에서 가장 중요한 10분이 되었다. 그것은 그날 내가 만나는 모든 만남 중에서 가장 중요한 만남이 되었다. 왜냐하면, 나는 그날 만날 그 누구보다도 우리 아이들을 훨씬 더 사랑하기 때문이다. 그리고 매번 경건의 시간이 하나님의 나타나심을 경험하는 순간은 되지 못했지만, 그 만남의 시간 중 몇 번은 우리 아이들 인생에 결정적인 전환점이 되기도 하였다.

당신이 죽은 후 오래도록

기도하기 위한 꾸준한 시간과 장소를 찾는 것이 어려운 것은 사실이지만, 뜻이 있는 곳에 길이 있다! 하나님을 향한 뜻이 있는 곳에 하나님께서 길을 만들어 주신다.

> 당신의 기도가 자녀들의 운명을 결정지을 것이다.

수산나 웨슬리Susanna Wesley는 아홉 명의 자녀들을 낳았는데, 그중에는 감리교의 창시자 존 웨슬리와 찰스 웨슬리가 포함되어 있다. 당신이 그토록 작은 집에서 그렇게 많은 아이들과 함께 산다면, 기도할 수 있는 조용한 장소를 찾는 것은 불가능할 것이다. 그러나 수산나는 그런 이유로 기도하는 것을 그만두지 않았다. 수산나는 거실 한가운데 있는 흔들의자에 앉아 담요를 뒤집어쓴 채 자녀들을 위하여 중보기도를 했다.

그 어떤 핑계도 댈 수 없지 않은가? 당신의 자녀들은 당신이 기도하는 것을 보고 들어야 한다. 당신이 골방에서 기도하든 흔들의자에서 기도하든 그것은 상관이 없다. 당신은 출근하면서 기도할 수 있고, 운동하면서도 기도할 수도 있다. 아이들의 침대를 정리하거나 옷을 갤 때, 그들을 위하여 기도하라. 아이들이 자고 있을 때 그들의 방으로 가서 그들 곁에 무릎을 꿇고 그들을 위하여 기도하라.

기도하는 부모가 저절로 되는 것은 아니다. 계획하고 갈망하며 훈련해야 한다. 영적 훈련은 확고한 결단이 필요하다. 당신이 당신 자녀들의 삶에 기도의 원을 그리기를 원한다면, 바로 기도를 시작하라. 당신의 기도가 자녀들의 운명을 결정지을 것이다. 마치 수산나의 기도가 자녀들의 운명을 결정지었던 것처럼, 자녀를 위해 드렸던 당신의 기도는 당신이 죽은 후에도 오래도록 그들의 삶 속에 살아 있을 것이다. 기억하라. 당신이 남길 수 있는 가장 큰 유산은 그들을 위한 기도이다!

Chapter 02

'기도의 원' 그리기

"진실로 너희에게 이르노니 무엇이든지
너희가 땅에서 매면 하늘에서도 매일 것이요
무엇이든지 땅에서 풀면 하늘에서도 풀리리라
진실로 다시 너희에게 이르노니
너희 중의 두 사람이 땅에서 합심하여 무엇이든지 구하면
하늘에 계신 내 아버지께서 그들을 위하여 이루게 하시리라
두세 사람이 내 이름으로 모인 곳에는
나도 그들 중에 있느니라" 마 18:18-20

호니의 이야기를 처음 알게 된 것은 탈무드Talmud와 미드라쉬Midrash를 편집해 놓은 《전설의 책》The Book of Legends에서였다. 그 책을 읽은 후 나는 기도하는 방식을 근본적으로 바꾸었다. 기도에 대한 새로운 방법을 배우게 되었다.

호니의 이야기를 잠시 살펴보자.

이스라엘에 일 년 내내 비가 한 방울도 내리지 않았다. 하늘에는 구름 한 점 없었고, 우물은 모두 말라 버렸다. 나무들도 말라 죽었고, 강물도 모두 말라 버렸다. 메마른 땅에 먼지만 날리고 있었다. 사람들은 목이 말라 죽을 지경이 되었다. 그들은 한목소리로 하나님께 기도하기 시작했다.

"오 하나님, 비를 내려 주세요!"

하나님은 곧바로 그들의 기도를 들어주시지 않았다. 그들은 마침내 믿음을 잃어버릴 지경까지 이르렀다. 어떤 사람들은 하나님이 그들을 잊어버리셨다고 생각했다. 그런 그들에게 생각나는 한 사람이 있었다. 그는 바로 '호니'였다. 그의 별명은 '레인메이커' rainmaker 였다. 그의 얼굴을 본 사람은 그 누구도 없었지만, 거의 모든 사람들이 그의 목소리는 들어서 알고 있었다.

사람들은 며칠을 걸어서 예루살렘 변두리에 있는 그의 오두막에 도착했다. 오두막 안에서 호니가 기도하는 소리가 들렸다. 한 번의 기도로 3년의 가뭄을 끝냈던 엘리야처럼, 호니는 '비를 내리게 하는 기도'로 유명한 사람이었다. 그는 엘리야와 같은 믿음과 마음을 가지고 있었다. 사람들은 호니가 그들의 마지막이자 유일한 희망이라고 생각했다. 그래서 호니를 찾아갔던 것이다. 호니는 담대하게 말했다. "천둥을 만드신 하나님이 그것을 움직이게 하실 것입니다. 큰 천둥소리가 곧 나게 될 것입니다. 구름을 만드신 하나님이 그것으로 비를 만드실 것입니다."

사람들은 호니를 따라 긴 행렬을 지어 시내에 있는 성전으로 갔다. 사람들이 점점 더 몰려들자 아이들은 아빠의 어깨 위로 올라가기도 했다. 사람들은 호니가 무슨 말을 하는지 보려고 발끝으로 서기도 하고 나무에 올라가기도 하였다. 그때였다.

호니는 손을 뻗어 가지고 있던 지팡이 끝을 땅에 댔다. 그리고는 빙 돌기 시작했다. 그가 한 바퀴 돌자 그의 주위에 동그란 원이 그려졌다. 호니는 백성들의 희망을 어깨에 짊어진 채 그 원 안에 무릎을 꿇었다. 거룩한 침묵이 주위를 뒤덮었고, 사람들은 호니의 기도 소리를 듣고 있었다.

"전능하신 하나님, 당신의 위대하신 이름으로 기도합니다. 당신의 백성에게 자비를 내려 주시기 전까지 저는 이 원 밖으로 나가지 않겠습니다."

마치 샘에서 물이 솟아 나오는 것처럼 그의 영혼 깊은 곳으로부터 기도가 흘러나왔다. 사람들은 조용히 기다렸다. 바로 그때였다. 하늘에서 비가 한 방울 떨어졌다.

"애걔, 겨우 이정도야?"

사람들은 투덜댔다. 그러나 호니는 미동하지 않았고 원 안에서 나오지 않았다. 겸손한 마음으로 하나님께 계속 기도했다.

"하나님, 이 정도가 아닙니다. 온 저수지와 온 웅덩이, 온 대지를 적시기에 충분한 비를 내려 주세요."

그때였다. 번개가 번쩍였고, 천둥이 울렸다!

가느다란 빗줄기는 금세 폭우로 변했다. 사람들은 갑자기 불어난 물에 빠지지 않으려고 높은 곳으로 도망쳤야 했다. 그러나 호니는 도망가지 않았다. 여전히 무릎을 꿇고 폭우 속에 있었다. 그리고 이렇게 기도했다.

"하나님, 이런 비가 아닙니다. 당신의 긍휼과 은혜의 비, 축복의 비를 내려 주세요."

그러자 뜨거운 여름날의 시원한 소나기처럼 조용하고 평화스러운 비가 내리기 시작했다. 어른들은 입을 벌리고 빗방울을 받아 마셨고, 아이들은 마치 처음으로 비를 보는 것처럼

> 하나님은 담대한 기도를 좋아하신다.

빗줄기 속에서 춤을 추었다. 행복한 웃음소리가 허공에 울려 퍼졌다.

그날은 천둥소리가 하나님께 올려 드리는 박수갈채가 되는 날이었다. 웅덩이에 튀어 오르는 물방울들이 찬양의 몸짓이 되는 날이었다. 호니가 사람들에게 기도의 강력한 힘을 가르쳐 준 날이었다. 이제 사람들은 한 사람의 기도가 어떤 것도 바꿀 수 있다는 것을 배우게 되었다. 그리고 그날 이후로 사람들은 기적이 필요할 때마다 호니가 그랬던 것처럼 원을 그리고 기도하기 시작했다.

그들은 아픈 사람 주위에 원을 그렸다. 슬픈 사람 주위에도 원을 그렸다. 청년들 주위에도, 늙은 사람 주위에도 기도의 원을 그렸다. 그들이 품고 있는 큰 꿈에도 원을 그렸다. 그리고 그들이 가지고 있는 매우 큰 두려움에도 원을 그렸다. 그리고 무엇보다도 중요한 것, 그들은 하나님의 약속의 말씀들에 원을 그렸다.

어떤 때는 아주 오랫동안 기도를 해야 했다. 그렇지만 그들은 하나님이 언제나 기도를 들으신다는 사실을 결코 의심하지 않았다. 우리의 기도가 하나님을 기쁘시게 하는 것이면, 하나님은 언제나 응답하신다. 그날 기적을 목격했던 사람들은 결코 잊을 수 없는 교훈을 얻었다. 하나님은 담대한 기도를 좋아하신다. 담대한 기도를 드린다는 것은 하나님을 인정하고 높으신 분으로 존중하는 것이기 때문이다.

한 세대를 구원한 기도
the prayer that saved a generation

호니의 이야기는 다음과 같이 끝난다.

어떤 산헤드린sanhedrin 의원들은 호니의 기도가 너무 담대하다는 이유로 그를 출교하기 원했지만, 기적을 부인할 수는 없었다. 결국 호니에게는 '한 세대를 구원한 기도'라는 영예가 주어졌다. 나는 '한 세대를 구원한 기도'라는 이 칭찬이 아주 마음에 든다.

당신도 기도로 한 세대를 구원할 수 있다. 당신이 어떤 방법과 수단을 동원하다고 해도 당신의 아이들이 그리스도를 만나게 할 수는 없다. 그러나 당신은 기도할 수 있다. 당신의 아이들이 그리스도를 만나게 해 달라고 기도할 수는 있다. 나는 실제로 부모의 오랜 기도로 자녀들이 그리스도께로 나왔다는 이야기를 많이 들었다.

우리는 지금 '기도할 것인가, 기도하지 않을 것인가?'를 선택할 수 있다. 이것이 우리가 할 수 있는 유일한 선택이다.

빗나가고 있는 자녀 때문에 마음 아파하는 부모들에게 따듯한 조언을 하나 하겠다. 그것은 다른 부모들과 함께 기도의 팀을 만들라는 것이다. 그리고 서로의 자녀를 위하여 기

> 자녀들을 위해 강력하고도 간절하게 기도할 수 있는 사람은 오직 부모들뿐이다.

도하라. 왜 다른 부모들과 함께 기도해야 할까? 자녀들을 위해 강력하고도 간절하게 기도할 수 있는 사람은 오직 부모들이기 때문이다! 부모들은 동병상련의 아픔을 가지고 있다. 자녀들에 대한 소망도 비슷하고, 자녀들을 향한 애끓는 마음도 비슷하다. 당신이 당신의 자녀를 사랑하는 것처럼 그들도 그들의 자녀들을 사랑한다. 그 공감대의 형성은 중보기도를 위한 가장 좋은 연료가 될 것이다. 최근에 아내와 나는 친구들과 저녁 식사를 같이 했는데, 그 자리에서 그들은 열아홉 살 된 딸이 남자 친구와 함께 동거하기 시작했다고 털어놓았다. 우리는 그 아이를 어렸을 때부터 잘 알고 있었다. 하나님께서 우리에게 그 아이에 대한 초자연적인 부담감을 주셨고, 우리는 그 아이를 위해 기도의 영적 싸움을 시작했다.

그 다음 달에 영적 변화가 시작되었다. 그 아이가 다시 교회에 나오기 시작했는데, 놀랍게도 우리 교회에 출석하기 시작한 것이다! 이제는 남자 친구의 아파트에서 나와야 할 순서였다. 그 아이는 다시 그리스도께 자신의 삶을 헌신했으며, 한 선교 단체에서 1년 동안 하나님을 섬기기로 작정하였다.

하나님께서 이 딸의 삶에 행하신 일들에 관하여 아내와 내가 직접적으로 관여한 것은 없지만, 우리는 그녀에게 중보기도가 필요하다는 것을 느꼈을 때, 그 책임을 감당하였다. 더불어 나는 매일 내가 속한 기도의 팀에서 우리 자녀들을 위하여 중보기도하는 사람들에게 감사한다.

자녀양육은 두 사람이 한 조가 되어 경기하는 스포츠와 같다. 때때로 당신은 선수 교체를 해야 할 때가 있을 것이다. 당신의 파트너는 배우자일 수도 있고, 다른 기도의 파트너가 될 수도 있다. 때로는 위급한 상황에 처한 서로의 자녀를 둘 사이에 세워야 할 경우도 있다. 아니, 그를 사이에 두고 무릎을 꿇어야 할 경우도 있다.

우리의 십대의 아이들은 부모보다는 다른 사람의 말에 귀를 더 많이 기울인다. 부모의 말은 듣지 않고 다른 사람의 말만 들을 때가 있는데, 바로 십대가 그렇다.

그러나 기억하라. 당신 아이들이 당신의 말에 귀를 기울이지 않을 때에도, 우리 하나님께서는 당신의 기도에 귀를 기울이신다는 것을! 또한 당신의 기도가 당신의 아이들의 미래에 대한 예언이 됨을 기억하라. 우리 할아버지가 나를 위하여 그랬던 것처럼, 당신의 기도가 당신의 사랑하는 가족들의 미래를 결정하게 될 것이다.

나는 시편 103편 17절 말씀에 원을 그리고 있다.

> "여호와의 인자하심은 자기를 경외하는 자에게 영원부터 영원까지 이르며 그의 의는 자손의 자손에게 이르리니"
> 시 103:17

우리의 아버지되시는 예수 그리스도는 갈보리에서 죄의 저주를 깨뜨리시고 모든 신령한 복을 우리가 상속받을 수 있도록 하셨다 엡 1:3. 우리의 좋으신 아버지께서 말이다! 이것은 하늘에 계신 아버지의 자녀로 태어난 우리만의 영광스러운 상속권이다. 이것은 또한 부모로서 우리가 이 땅의 자녀들에게 물려주어야 할 축복이기도 하다. 어쩌면 당신은 학대를 당하며 자랐거나 아버지가 없이 자랐거나, 또는 이혼한 가정의 자녀일 수도 있다. 혹은 자라면서 한 번도 사랑을 받아 본 적이 없다고 느꼈을 수도 있고, 오히려 부모에게 수치를 당하며 살았을 수도 있다. 그런 사람일수록 자신도 똑같은 실수를 하지 않을까 두려워한다.

그러나 그리스도께서 모든 저주를 깨뜨리셨다! 우리는 그 반복되는 저주를 끊을 수 있다! 물론 그것은 간단하고 손쉬운 일이 아니다. 그러나 우리가 기도한다면, 우리가 기도하기를 멈추지 않는다면, 결국 그 돌파구에 이르게 될 것이다. 우리는 우리 자신이 축복을 받는 것에만 그쳐서는 안 된다. 우리가 받은 축복을 다음 세대에 물려주어야만 한다.

> 당신의 기도가 당신의 사랑하는 가족들의 미래를 결정하게 될 것이다.

자녀의 삶에 '기도의 원' 그리기

《써클 메이커》가 나온 이래 나는 자신들의 꿈과 가정, 직장에 기도의 원을 그리기 시작한 독자들로부터 끊임없이 이메일과 편지를 받고 있다. 어떤 교사는 매일 아침 교실에 원을 그렸고, 한 부동산 중개업자는 자신이 중개하는 부동산에 원을 그렸다. 의사들과 간호사들은 회진할 때마다 환자들에게 원을 그렸으며, 어떤 하원의원들은 의사당에 원을 그렸다. 대통령 수행 기자단의 한 명은 백악관에 기도의 원을 그렸다고 한다. 그리고 NFL미식축구연맹의 한 수석 코치는 매번 홈경기 때마다 그의 팀 경기장에 원을 그렸다고 하였다.

한 독자에게서 매우 재미있는 이야기도 들었다. 그는 재정적인 기적을 위하여 은행에 기도의 원을 그렸다고 한다. 그가 기도의 원을 그리면서 은행 주위를 돌자 은행 강도인 줄 알고 경찰이 출동하기도 했다고 한다. 기도를 위하여 어떤 것에 물리적으로 원을 그리는 것은 아무런 신기한 능력이 없다.

 성경을 보면, 이스라엘 백성들이 여리고 성이 무너질 때까지 원을 그리며 돌았던 것을 볼 수 있다수 5:13-6:21. 만일 그들이 여섯 바퀴만 돌고 말았더라면 어떻게 되었을까? 그들이 6일째 되는 날 포기했더라면 어떻게 되었을까? 만일 그랬다면 기적이 일어나기 전날 밤, '기적'을 도둑맞았을 것이다. 우리는 너무 빨리, 그리고 너무 쉽게 포기하는 경향이 있다. 우리는 우리의 여리고 성이 무너져 내릴 때까지 계속해서 기도의 원을 그려야 한다.

 당신은 무엇에든 기도의 원을 그릴 수 있다. 그 중에서 제일 중요한 기도의 원은 당신의 자녀에게 그리는 것이다. '기도의 원을 그린다는 것'은 무슨 뜻인가? 그것은 당신이 손수건 돌리기 게임을 하는 것처럼 자녀들의 주위를 빙빙 돈다는 것일까? 어지러운 것을 상관하지 않는다면 모를까 그건 아니다! 기도의 원을 그린다는 것은 '쉬지 않고 기도한다'는 것을 의미한다. 그것은 하나님이 응답하실 때까지 구하는 것이다. 그것은 더 집중적으로 더 꾸준하게 기도하는 것이다. 그것은 그저 어떤 것을 위하여 기도하는 것이 아니라, 그것 속으로 들어가 기도하는 것이다. 당신이 제단의 뿔을 붙잡고 무릎에 감각이 없어질 때까지 기도해야 할 순간이 있다. 우리는 본

능적으로 모든 기도에 'ASAP' as soon as possible, 가능하면 빨리라는 꼬리표를 붙여서 하나님이 가능하면 빨리 응답해 주시라고 기도한다.

> 제일 중요한 기도의 원은 당신의 자녀에게 그리는 것이다.

자 이제, 우리에게 패러다임의 전환이 필요할 때이다! 우리는 'ALAIT' as long as it takes, 얼마가 걸리든지의 기도를 시작해야 한다. 그것이 기도의 원이 의미하는 것이다. 당신은 이 세상을 떠나는 날까지 기도를 멈추지 않아야 한다!

부모가 뿌리는 기도의 씨앗

내 친구 웨인이 어느 날 자신의 할머니 이야기를 내게 해 주었다. 나는 그 이야기를 정말 좋아한다. 웨인의 할머니는 죽는 날까지 기도했다. 집안일을 하면서 열두 명의 아이들을 키운다는 것은 쉬운 일이 아니다. 그러나 그것이 그녀로 하여금 기도를 멈추게 하지는 못했다. 매식사를 마치면 웨인의 할머니는 방으로 들어가 문을 잠그고 기도를 했다. 자녀들은 하루에 세 번, 엄마가 자신들의 이름을 불러 가며 중보기도하는 소리를 들을 수 있었다고 한다. 할머니가 아흔한 살의 나이로 죽어 가는 병상에 가족이 모두 모였다. 그녀는 자신이 날마다 세 번씩 기도했던 그 방으로 가족들을 초대했다. 그리고 열두 명의 자녀들에게 예언하듯이 선포했다.

"나는 죽을 것이지만, 나의 기도는 너희들의 삶에 남아 있을 것이다." 그녀는 가족들 모두가 자신들의 삶을 예수 그리스도의 주인 되심 아래 드리기를 위하여 기도했었다. 그당시 여섯 명의 자녀들은 그리스도인이었고, 나머지 여섯 명은 비그리스도인이었다. 현재는 그들 중 열 명이 그리스도인이다. 웨인은 어떻게 해서 큰아들이 열 번째로 그리스도께 돌아오게 되었는지에 대해 말해 주었다.

"우리 할머니의 큰아들의 이름은 '조니'라네. 한 달 전, 그의 옆집에 사는 사람이 조니에 대한 꿈을 꾸었다는 거야. 그 사람은 어쩐지 조니를 교회로 인도해야겠다는 마음이 들었고 조니는 그 초대를 받아서 교회에 갔는데, 마침 종려 주일이었다네. 교회 안으로 들어갔을 때 그는 자신의 이름을 부르며 기도하는 어머니의 목소리가 귓가에 가득했다고 하네. 목사님이 "누구든지 예수를 믿기로 작정한 사람이 있으면 손을 들라"고 하자, 아흔두 살이 된 조니는 손을 들었다네. 그리고 그다음 주일인 부활절에 세례를 받았다네."

나는 계산을 해 보았다. 웨인의 할머니는 조니가 일흔 일곱 살 때 세상을 떠났다. 그녀는 조니가 태어난 날부터 그녀가 죽는 날까지 하루에 세 번씩 그를 위하여 기도했다. 그것을 계산해 보면 84,315번의 기도가 되는 것이다! 그녀는 이 세상에 살면서 자신의 기도가 응답되는 것을 보지 못했지만, 그의 아들이 영원 속으로 걸어 들어갈 때 그를 맞이할 첫 번째 사람이 될 것이다!

조니의 어머니의 기도가 조니의 이웃이 한밤중에 꾸었던 꿈과 무슨 상관이 있는 걸까? 나는 아무 상관이 없다고 말할 수 없다고 생각한다. 이것이 기도의 아름다움이다. 우리는 기도가 언제 어떻게 응답될지 전혀 알 수 없다. 그리고 우리는 언제 우리가 조니의 이웃처럼 다른 누군가의 기도 응답이 될지도 모른다. 그러나 당신이 믿음으로 살 때, 몇 년, 몇 십 년, 아니 몇 백 년 전에 뿌려졌던 기도의 씨앗을 당신이 수확하게 된다는 것을 확신하게 될 것이다. 당신이 믿음으로 살 때, 자녀들이 당신과 함께 한지붕 아래 사는 동안 당신이 그들을 위하여 드렸던 기도의 예물이 언젠가 하늘의 지붕을 들썩이게 하는 찬양의 제사로 바뀌게 될 것이다.

영적 전쟁의 비밀 무기, 기도

나는 수많은 사람들의 간증을 접하게 된다. 마치 간증 감정사라도 된 듯한 기분이 들 때도 있다. 그 중에 정말 심금을 울리는 기도의 간증들이 있다. 그것들은 대부분 자녀들의 삶에 기도의 원을 그린 부모들의 이야기였다. 부모들은 자녀를 위하여 하나님의 약속을 간구한다. 부모들은 자녀의 미래 배우자를 위하여 중보기도를 하고, 기적 베풀어 주실 것을 믿으며, 자녀들 주위에 보호의 울타리를 쳐 달라고 하나님께 간구한다. 그리고 더 나아가 하나님의 선하신 목적을 위해서라면, 때로 자녀들을 위험에도 처하게 하실 것을 위하여 기도한다. 왜냐하면 하나님께서 그것을 통하여 자녀들의 세대에 변화를 만들어 낼 것을 믿기 때문이다.

하나님은 특별히 그런 믿음의 기도에 응답하시는 것을 즐겨하신다. 열심히, 담대하게, 그리고 끝까지 인내하며 자녀들의 삶에 기도의 원을 그리는 부모들이 더 많아지기를 바라신다. 그 기도의 원이 자녀들의 삶을 복음으로 물들게 할 것이다.

내 친구 '크레이그 존슨'의 간증은 대단히 감동적이다. 크레이그와 그의 아내 사만다에게는 세 명의 자녀가 있다. 그

중 막내 아들 코너는 자폐증을 앓고 있다. 특별한 돌봄이 있어야 하는 자녀를 둔 다른 부모와 마찬가지로, 크레이그와 사만다는 희망과 절망, 믿음과 낙담 사이를 오가고 있었다. 그러다가 그들은 나의 책 《써클 메이커》를 읽고서 자녀들의 삶에 기도의 원을 그리기를 시작했다고 한다.

> 하나님은 특별히 그런 믿음의 기도에 응답하시는 것을 즐겨하신다.

내가 굳이 말하지 않더라도, 자녀양육이 참으로 어려운 일이라는 것에는 동감할 것이다. 당신이 당신의 아이들을 사랑하면 할수록 더 어렵게 느껴질 것이다. 자녀를 양육한다는 것은 영적으로나 감정적으로, 그리고 관계적으로 허리가 휘어지게 하는 일이다. 그런데 특별한 돌봄이 필요한 자녀들의 부모에게는 그 어려움이 다른 부모들에 비해 몇 배나 된다. 정말 '뼈를 말리는 애씀'이 요구된다. 그래서 나는 이렇듯 특별한 돌봄이 필요한 자녀들의 부모들에게 '위대함'이라는 단어를 붙이기를 주저하지 않는다. 그들이 정상적이지 않은 자녀들을 양육하기 위해서는 특별한 기름 부으심이 필요하기 때문이다.

크레이그와 사만다는 성경말씀을 붙들고 기도하는 것이 매우 중요하고 또 효과적이라는 것에 대해 읽고, 아들을 위하여 서른 개의 약속의 말씀들을 붙들고 기도하기 시작했다. 나중에 안 사실이지만, 자폐증을 앓고 있던 막내 아들 코너가 그 성경말씀을 전부 암송하였다는 사실이 믿어지는가? 그들은 자신들도 인식하지 못하는 사이에 믿음의 씨앗을 아들 가슴에 심어 준 것이다. 그들은 아들이 잠자리에 들기 전에 약속의 말씀들을 가지고 기도해 주었는데, 코너는 아침에도 같은 기도를 해 달라고 했다고 한다.

코너는 감정 조절이 어려운 아이였다. 어떤 때는 극단적으로 무너져 내렸고, 또 어떤 때는 감정이 너무 고조되었다. 그리고 변덕을 부렸다. 그런데 이제 코너는 말씀을 암송함으로 그런 감정의 기복들을 이겨낼 수 있게 되었다.

어느 날 크레이그는 코너가 아이패드를 가지고 놀지 못하게 했다. 그랬더니 코너는 '나를 수렁에서 건지사 빠지지 말게 하시고 나를 미워하는 자에게서와 깊은 물에서 건지소서' 시 69:14라며 시편 구절을 인용했다고 한다. 크레이그와 사만다는 처음에는 웃었는데, 아들 코너의 마음속에 하나님의 말씀이 들어 있음을 깨닫고는 함께 울었다고 한다. 하루는 코너가 발을 다쳐서 사만다가 과산화수소를 발라 주고 있는데 코너가 아프다고 소리치며 야고보서 말씀을 인용했다고 한다.

> "너희 중에 병든 자가 있느냐 그는 교회의 장로들을 청할 것이요 그들은 주의 이름으로 기름을 바르며 그를 위하여 기도할지니라." 약 5:14

사만다는 정말 믿기지 않는 상황 앞에서 아들을 멍 하니 쳐다볼 수밖에 없었다고 한다.

코너는 여덟 살이 될 때까지 변기 사용을 하지 못했었다. 그래서 크레이그와 사만다는 코너에게 기도의 원을 그리고 기적이 일어나도록 기도했다. 그때 크레이그가 한 말을 잊을 수가 없다.

"어떤 사람에게는 평범하게 보이는 일이 다른 누군가에게는 기적이라네."

그들이 코너에게 기도의 원을 그리고 기적이 일어날 것을 믿으며 기도를 시작한 지 얼마 지나지 않아, 밖에서 놀던 코너가 들어오더니 처음으로 혼자서 화장실에 들어갔다는 것이다. 그 이야기를 하면서 크레이그는 울었다. 나도 함께 울었다.

"오랜 가뭄 후에 하나님은 우리에게 풍성한 비를 내려 주셨다네."

그 이후 코너는 극단적으로 감정이 무너져 내리는 일이 없어졌다. 또 채소를 먹기 시작했고 과체중이던 몸무게도 점점

> 분명한 사실은 기도야말로 최고의 무기라는 것이다.

정상 체중으로 내려갔다. 더 놀라운 것은 무슨 말이든 따라서 하기만 하던 코너가 대답을 하기 시작했다는 것이다. 그리고 처음으로 신발 끈을 스스로 묶기까지 했다! 할렐루야!

이것이 영적 전쟁이 끝났다는 것을 의미하는 것일까? 아니다. 결코 영적 전쟁이 끝나지 않았음을 우리는 잘 안다. 우리는 부모가 아닌가! 영적 전쟁은 절대 끝나지 않는다. 그러나 우리는 중간중간 승리를 축하할 필요가 있다. 분명한 사실은 기도야말로 영적 전쟁에서 우리 부모들이 가질 수 있는 최고의 무기라는 것이다. 기도는 당신의 싸움을 하나님이 대신 싸우시도록 하는 신비한 비밀 병기이다.

우리가 무릎을 꿇을 때, 하나님은 우리를 위하여 그의 능하신 오른손을 펼치신다. 크레이그와 사만다는 코너를 위한 기도의 원을 그린 이후 이에 역사하시는 하나님을 경험하였다. 그들은 특별한 돌봄을 필요로 하는 아이들을 위하여 챔피언 클럽개발센터와 챔피언 아카데미대안학교를 설립했다.

하나님은 지금도 기도하는 사람들을 찾고 계신다. 그는 여전히 큰 꿈을 꾸고 간절히 기도하는 사람들을 찾으신다. 당신이 가장 사랑하는 가족의 주위에 기도의 원을 그려 보자!

Chapter 03

일곱 개의 **기도의 원**

"초저녁에 일어나 부르짖을지어다
네 마음을 주의 얼굴 앞에 물 쏟듯 할지어다
각 길 어귀에서 주려 기진한
네 어린 자녀들의 생명을 위하여
주를 향하여 손을 들지어다 하였도다" 애 2:19

아내와 나는 고등학생 때 단짝이었다. 우리는 대학생 때도 계속 만났고, 대학을 졸업하고 2주 후에 결혼했다. 지금은 행복한 결혼 생활 20년째를 보내고 있으며, 내년이면 결혼 22주년을 맞이하게 된다. 당신이 내 말을 주의 깊게 들었다면, 우리가 결혼 후 처음 2년은 무척 힘든 항해였다는 것을 눈치챘을 것이다. 우리는 둘 다 너무 어리고 고집스러웠다. 우리는 폭풍에 적응해 갔으며, 그 힘든 시간은 우리가 행복한 시간을 중요하게 여길 수 있도록 도와주었다.

　아이들을 낳아 자녀가 생겼지만, 우리는 여전히 아이와 같았다. 우리는 에너지가 넘쳤지만 지혜는 부족했다. 세 명의 아이들과 함께 17년의 세월을 지낸 후, 우리에게는 약간의 지혜가 생겼지만 에너지는 바닥이 났다!

맏아들 파커가 이제 열여덟 살이 되었다. 서머 조이는 스물한 살처럼 꾸미고 다니는 열여섯 살이다. 요시야는 열한 살이다.

우리는 더 많은 아이를 낳으려고 했었다. 나는 한 개의 농구팀을 꾸릴 수 있도록 다섯 명의 아이를 갖고 싶었다. 그러나 나는 내장이 파열되는 사고를 겪어 여러 번 수술을 받아야 했고, 거의 죽을 뻔하다가 살아났다. 결국 우리의 가족계획은 끝이 났다. 우리는 세 명의 아이로 만족해야 했다. 세 명의 아이들을 키우면서 나는 이런 생각을 했다.

'세 명의 아이들 때문에 내 삶이 세 배로 힘이 들지만, 기쁨 또한 세 배가 되었구나.'

솔직히 고백하자면, 나는 세 아이를 똑같이 사랑하는 것은 아니다. 아마 그렇게 하는 부모는 아무도 없을 것이다. 나는 그들을 각각 다르게 사랑한다. 그들 각자 열정과 개성이 다르기 때문이다. 그래서 우리는 각각의 자녀를 키울 때 모든 것을 새로 시작해야 했다. 그들은 책망에 서로 다르게 반응했으며, 그들이 말하는 사랑의 언어도 서로 달랐다. 내가 딸을 데리고 쇼핑하러 가는 것은 그녀에 대한 나의 사랑을 표현하는 방법이었다. 그러나 아들들은 그것을 일종의 징계로 받아들였다!

사실, 나는 부모로서 잘한 것보다 잘못한 것이 더 많았다. 그런데 하나님께서는 자녀를 양육하는 일을 그저 우리 부모에게 맡겨만 놓으시고 방치하시는 분이 아니라는 사실에 위안을 얻는다. 그분께서는 우리가 자녀를 양육하는 일에 대해서도 지대한 관심을 가지고 계신다. 우리에게는 우리의 부족함과 연약함, 실수를 보완해 주시는 하늘 아버지가 계신다!

> 우리 지상의 부모가 실패한 곳에서 성부와 성자와 성령께서 성공하심을 믿는다.

우리는 2교대 팀으로만 우리 자녀들을 양육하는 것이 아니다. 성부와 성자와 성령께서 3교대 팀을 이루어 주신다. 성부는 우리 자녀들의 하늘 아버지이시다. 성자는 원수의 고발에 대하여 그들을 위하여 변호하신다. 그리고 성령은 말할 수 없는 탄식으로 그들을 위하여 간구하신다 롬 8:26. 우리 지상의 부모가 실패한 곳에서 성부와 성자와 성령께서 성공하심을 믿는다.

부모인가? 예언자인가?

만일 당신이 나에게 부모로서 가장 간절하게 원하는 것이 무엇이냐고 묻는다면, '하나님의 지극한 사랑'이라고 말할 것이다. 설명하기는 어렵지만, 당신을 향한 하나님의 지극한 사랑은 당신이 당신 자신에게 줄 수 없는 것을 하나님이 당신에게 주시는 것이다. 파커가 아기였을 때 나는 누가복음 2장 52절에 원을 그려 놓고 그것을 축복의 기도로 삼았었다. 나는 우리 각각의 아이들을 위하여 이 축복의 기도를 수천 번 이상 하였다. 나는 그들이 어렸을 때 거의 매일 밤 그들을 재우면서 이렇게 기도했다.

> "주님, 이 아이가 지혜와 키가 자라가며 하나님과 사람에게 더욱 사랑을 받게 하옵소서"

그런데 누가복음 2장 52절이 사실은 단순한 약속만이 아니라는 것을 깨달았다. 이 말씀은 약속의 말씀의 차원을 넘어 반드시 이루어야 하는 필수의 말씀이었다. 아이였던 예수께서 이렇게 성장하셨던 것처럼, 예수님을 닮도록 부름 받은 우리도 반드시 이 말씀대로 자라가야 한다. 우리의 자녀도 마찬가지이다. 이 말씀은 그대로 되어져야 하는 예언적 말씀인 것이다. 당신과 당신 자녀를 향한 하나님의 예언의 말씀이다.

부모들이여, 내 말을 잘 들어라. 당신은 당신의 자녀들에게 있어서 예언자이다. 유대인 철학자들은 특별한 몇몇 사람들만이 예언하는 것이라고 생각하지 않았다. 정신적, 영적 수준의 정점에 이르게 되면 예언을 할 수 있게 된다고 믿었다. 다시 말해서 예언자적 은사는 영적 계발의 자연스러운 부산물인 것이다. 그러므로 은혜 안에서 성장할수록 더 많은 예언을 하게 된다. 이것은 당신이 미래를 예측할 수 있게 된다는 것을 의미하는 것이 아니다. 당신이 미래를 창조하기 시작한다는 것을 의미한다.

> 기도는 미래를 만들어 가는 방법이다.

어떻게 그것이 가능한가? 기도를 통해서이다! 기도는 미래를 만들어 가는 방법이다. 기도는 당신으로 하여금 일이 일어나는 대로 그저 따라가는 사람이 아니라, 일이 일어나도록 하는 사람이 되게 할 것이다.

자녀들을 위한 예언, 기도

우리 삶의 40% 이상이 개인적 예언들의 성취의 결과라는 글을 읽은 적이 있다. 그 통계 수치가 어떻게 나왔는지는 잘 모르겠지만, 나는 그것이 믿을 만하다고 생각한다. 때에 맞는 예언의 말씀이 영원의 차이를 만들어내는 경우를 많이 보았기 때문이다.

우리는 모두 믿음의 예언들이 필요하다. 나는 우리 아이들의 삶에 긍정적인 영향을 끼칠 수 있는 의미 있는 사람들을 많이 만나도록 기도한다. 그 리스트의 맨 꼭대기에 있는 사람들은 다름 아닌 아이들의 교육 담당 교역자들이다. 나는 부모인 나와 함께 한 팀이 되어 우리 아이들을 이끌어 주고 있는 그들에게 감사한다. 그러나 분명한 사실은, 그들은 조력자이지 책임자가 아니라는 것이다. 우리 아이들을 훈육하는 것의 책임은 부모들에게 있다. 그것은 나의 책임이다! 기도 부탁하듯이 훈육을 다른 사람에게 부탁할 수는 없다.

당신은 아이들에게 권면의 말을 해야 하는 동시에 위로의 말도 해야 한다^{고전 14:3}. 그들이 잘못할 때에는 부드럽게 꾸짖으라. 애정어린 눈빛으로 훈계하라. 그러면 당신의 눈빛과 훈계를 통해 당신의 아이들은 자신의 잘못을 깨닫게 될 것이다. 한 사람의 성품이 어떠한가에 따라서 그 사람의 행동이 나타나게 된다. 자녀들의 행동에서 그리스도의 성품이 드러나도록 하라. 당신의 자녀들이 잘하고 있는 것을 발견하면 더욱 힘을 실어 주라. 그들 안에 있는 '하나님의 은사'라는 불꽃에 부채질을 하라.

나는 당신의 자녀들에게 기도의 원을 그리는 성경적이고

실제적인 방법을 제시하고자 한다. 그 전에 다음 몇 가지 사항을 이야기하고 싶다.

> 자녀들의 행동에서 그리스도의 성품이 드러나도록 하라.

첫째, 일곱 가지를 한꺼번에 다 할 필요는 없다. 나는 한 번에 하나나 두 가지에 집중하기를 권한다.

둘째, 이 기도의 방법들을 금방 적용하려고 할 필요는 없다. 기도는 연습이 필요하다. 그리고 기도의 연습은 더 좋은 기도의 결과를 가져오게 될 것이다. 당신이 기도하기를 멈추지만 않는다면 기도하는 것이 당신의 습관이 될 것이다.

셋째, 성령께서 당신만의 아이디어를 주시도록 기도하라. 단지 이 습관들을 채택하는 데 그치지 말고 그것들을 당신의 독특한 상황과 당신의 독특한 성품, 그리고 당신 자녀들의 독특한 성품들에 적용시키도록 하라.

자, 이제 첫 번째 기도의 원을 그려 보자.

Chapter 04

첫 번째 원 :
말씀에 기도의 원 그리기

"하나님의 약속은 얼마든지 그리스도 안에서 예가 되니
그런즉 그로 말미암아 우리가 아멘 하여
하나님께 영광을 돌리게 되느니라" 고후 1:20

나는 파커의 유치원 졸업식 때 일어난 일을 잊을 수가 없다. 아이들이 한 명씩 나와서 자신의 꿈을 이야기하는 시간이 있었다. 부모들은 아이들이 발표하는 것을 숨을 죽여 듣고 있었다. 대부분의 아이들이 커다란 꿈을 이야기했는데, 그 누구도 내 아들 파커에게 견줄 만하지는 못했다. 여섯 살짜리 파커는 이렇게 이야기했다.

"내 꿈은 온 세상 사람들이 예수님을 아는 것이에요."

나는 하마터면 울음을 터뜨릴 뻔하였다! 아이를 잘 키운 부모들만이 갈 수 있는 천국에 들어간 기분이었다. 나는 그 순간, 내가 최상의 부모라고 확신했다. 6년 만에 나는 최상급의 아빠가 된 것이다. 그러나 그 감동은 곧 사라지고 말았다.

유치원 졸업식이 끝나고 나는 파커에게 그것에 대해 물어보았다. 그가 아버지인 나로부터 영감을 받았을 것이라는 희망을 품고서 말이다. 하지만 그는 나의 희망 위로 인정사정없이 절망의 폭탄을 투하했다.

"난 선생님이 말하라고 하는 대로 말했을 뿐이에요."

사태는 더 악화되었다.

"그건 진짜 내 꿈이 아니에요. 나는 커서 공사장에서 일하고 싶어요."

건축에 종사하는 직업이 잘못된 것은 아니지만, 그것은 온 세상 사람들에게 예수님에 대해 말하는 것보다 한층 낮은 꿈처럼 생각되지 않는가?

그 아이의 이야기를 들었을 때, 나는 솔직히 너무나 실망했었다. 그런데 좀더 생각해 보니, 파커의 대답이 정말 솔직했다는 생각이 들었다. 그 아이는 아빠가 원하는 사람이 되려고 하지 않았다. 그것이 더 건강하고 거룩한 것이 아닌가?

부모들은 자신의 자녀들에 대해 나름대로의 꿈을 가지고 있다. 그러나 주의해야 한다. 그렇지 않으면, 당신은 당신의 아이들이 자신들의 꿈의 불꽃을 활활 태우기도 전에 당신의 이루지 못한 꿈을 그들에게 투사하게 될 것이다.

당신의 자녀들은 당신이 아니다. 그들에게는 그들 자신이 성취해야 할 그들만의 가야 할 길이 있으며, 거기서 당신은 중요한 역할을 담당해야 한다. 명심할 것은 당신이 해야 할 일은 기도하는 것이지 당신의 꿈을 그들에게 투사하는 것이 아니라는 것이다! 당신의 뜻과 하나님의 뜻 사이는 종이 한 장 차이처럼 착각하기 쉽다. 자녀들을 위하여 당신의 뜻이 아니라 하나님의 뜻을 간구하고 있는지 확인하라. 자녀들을 위한 당신의 기도를 포함하여 모든 기도는 다음과 같은 이중의 리트머스 시험을 통과해야 한다. 그것들이 하나님의 뜻 안에 있는지, 또 그것들이 하나님의 영광을 위한 것인지 말이다. 하나님은 당신의 소원을 말하는 대상이 아니다. 반대로 하나님의 명령이 당신의 소원이 되어야 한다. 만약 그렇지 않다면 당신은 기도의 원을 그리지 못하고 그저 빙빙 헛바퀴만 돌다가 끝나 버릴 것이다.

> 기도의 원을 그리는 것은 하나님이 무엇을 원하시며 하나님의 뜻이 무엇인지를 분별하는 것으로부터 시작된다.

 기도의 원을 그리는 것은 하나님이 무엇을 원하시며 하나님의 뜻이 무엇인지를 분별하는 것으로부터 시작된다. 그리고 기도의 원을 그리기를 시작하기에 가장 좋은 곳은 하나님의 약속들이다.

부모는 자녀들의 예언자이며 역사가이다

부모로서 가장 중요한 역할은, 우리 자녀들이 하나님의 구속사 속에서 그들의 독특한 역할을 찾아 행할 수 있도록 돕는 것이다. 그렇게 하려면 우리는 우리 자녀들을 잘 알아야 한다. 당신은 당신 자녀들에 대해서 공부해야 할 것이다. 당신의 자녀들은 당신이 공부해야 할 가장 중요한 과목이다! 그것은 미적분보다 훨씬 복잡하고 어려울 것이다!

부모들은 자녀들의 미래를 열어 주는 예언자일 뿐만 아니라, 또한 그들의 과거를 기록하는 역사가이기도 하다. 어떤 점에서 당신은 당신의 아이들을 그들 자신보다 더 잘 안다고 할 수 있다. 그들은 자신들의 처음 몇 년의 삶을 기억하지 못하지만, 당신은 그것을 잊을 수 없을 정도로 잘 알고 있다. 당신은 그들이 처음 했던 말들, 처음 떼었던 걸음마, 그리고 그들이 처음 학교에 가던 날을 마치 어제처럼 기억하고 있을 것이다.

아무도 당신처럼 당신 자녀의 과거와 현재와 미래를 보지 못한다. 그들의 과거와 현재, 그리고 미래의 모습의 점을 잇는 것은 당신의 역할이다.

그 일을 하기 위하여 내가 사용했던 한 가지 방법은 잊어버리고 싶지 않은 순간들을 기억해서 아이들에게 매년 한 번씩 편지를 쓰는 것이었다. 우리 아이들이 어렸을 때, 나는 꽤 괜찮은 저널리스트 흉내를 내곤 했다.

> 당신의 자녀들은 당신이 공부해야 할 가장 중요한 과목이다!

서머의 열여섯 살 생일 때 내가 썼던 편지이다.

사랑하는 딸에게

네 키가 아빠의 무릎 정도밖에 오지 않았을 때가 엊그제 같은데, 네가 벌써 열여섯 살이 되었구나. 언제 5,840일이 휙 하고 지나가 버렸는지…….

아빠의 마음은 가는 시간을 붙잡고 싶지만, 다른 한편으로는 훌쩍 성숙한 네 모습을 빨리 보고 싶기도 하구나. 네가 아무리 나이가 들어도 너는 여전히 '나의 예쁜 꼬맹이'일 거야. 넌 정말 잘 자라고 있어. 기대 이상으로 말이야! 너는 잘 모르겠지만, 나는 너 때문에 정말 많은 기쁨을 맛보았단다. 네가 태어나기 전에 나는 아무것도 부족한 것이 없다고 생각했었지만, 그 생각이 틀렸다는 것을 네가 태어나고 나서야 비로소 알았단다. 네가 태어나기 전의 내 인생에는 뭔가 빠진 것이 있었는데, 그건 나의 하나뿐인 딸, 바로 네가 없었던 거야. 너를 볼 때마다 아빠의 가슴은 부풀어 오른단다. 너는 나의 자랑이며 기쁨이란다. 하나님이 너의 아빠로 나를 선택해 주신 것에 너무 감사하고 있단다.

　세상 모든 아이들이 한 줄로 서 있고 내가 그 중에서 한 명을 선택해야 한다면……, 나는 너를 선택할 것이다.

열여섯 번의 뽀뽀를 보내며
아빠가

　솔직히 이 편지가 서머에게 얼마나 의미가 있었는지는 잘 모르겠다. 아무런 의미 없이, 감동 없이 책꽂이에 꽂혀졌을 수도 있다. 그러나 확신하건대, 이 편지는 마치 오래된 골동품처럼 시간이 지날수록 서머에게 있어서 가치 있는 것이 될 것이다. 만일 서머가 그 편지를 오랫동안 간직한다면, 그것은 '아버지의 지극한 사랑'을 증거해 줄 중요하고도 소중한 기념품이 될 것이다.

영혼의 지문
soul print

　우리는 하나님이 우리 자녀들에게 부어 주신 열정과 재능을 우리의 자녀들이 발견할 수 있도록 그들을 도와야 한다. 하나님께서는 우리 자녀들 각자에게 그들만의 독특한 달란트를 주셨다. 그것들이 그들을 다른 모든 사람들과 다르게 만들 것이다. 그들과 똑같은 사람은 이전에도 없었고 앞으로도 없을 것이다.

사람에게 주신 이 '고유함'은 우리가 노력해서 얻은 것이 아니라 하나님의 선물이다. 하나님께서 우리에게 주신 그 선물을 통하여 우리는 하나님께 영광을 돌려드려야 한다. 우리만의 독특한 열정과 재능을 통하여 다시 하나님께 선물로 돌려 드려야 한다는 것이다. 그러므로 우리가 그것을 우리의 것으로 가지고 있는 동안에도 사실은 하나님께 빚지고 있다는 것을 잊어서는 안 된다.

그렇다고 우리가 빌리 그레이엄Billy Graham이나 마더 테레사Mother Teresa처럼 되려고 할 필요는 없다. 우리 각자는 하나님이 우리를 지으신 목적에 맞는 사람이 되려고 애써야 한다. 만일 당신이 당신 아닌 사람이 된다면, 당신은 당신 자신을 잃어버리게 되는 것이다.

이 세대를 살아가는 우리의 아이들은 친구들 때문에 각자 자기만이 가지고 있는 개성을 너무나 쉽게 잃어버린다. 자신의 것은 잊어버리고 대중이 원하는 것만을 바라보고, 그것을 추구하며 살고 있다. 하나님께서 그들에게 주신 그들만의 독특함과 고유함을 잃어버린 채 살고 있다. 우리는 부모로서 이에 대항해야 한다. 우리의 아이들을 그러한 문화로부터 보호

> 진정한 자존감은 그 가치를 하나님께 둘 때만이 얻을 수 있다.

하고 자신만의 독특함을 발견할 수 있도록 도와야 한다.

어떻게 할 것인가? 자녀들을 향한 조건 없는 사랑과 꾸준한 기도로 그렇게 할 수 있다. 우리는 때로 우리 자녀들의 자존감을 높여 주려고 하다가 '자기중심'이라는 샛길로 빠지기 쉽다. 진정한 자존감은 그 가치를 하나님께 둘 때만이 얻을 수 있다. 거기서 조금이라도 벗어나면 그것은 우상숭배가 된다. 우리의 가치는 "아무도 당신처럼 혹은 당신을 대신하여 하나님을 예배할 수 없다"는 아주 간단하면서도 심오한 진리에서 찾을 수 있다. 그것은 우리 각자 한 사람 한 사람을 헤아릴 수 없는 가치를 지닌 존재가 되게 하며 또한 무엇으로도 대체할 수 없는 존재가 되게 한다.

손가락의 지문finger print이나 목소리의 지문voice print처럼, 우리는 영혼의 지문soul print을 가지고 있다. 이 영혼의 지문은 그리스도 안에서 고유한 정체성과 자신이 가야 할 길을 가진 자로서 우리 각자를 구별해 주는 것이다. 우리가 해야 할 일은 우리 자녀들이 그들의 영혼의 지문을 발견하도록 돕는 것인데, 그것은 그들의 생애에서 가장 중요한 일이 될 것이다.

나는 우리 아이들이 외모에 대하여 자유하기를 원하지만,

그렇게 되기 위해서는 외모에 머무는 자기 인식 그 이상의 것이 요구된다. 그들은 영혼 깊은 곳까지 파고 들어가서 표면 아래 감춰진 것을 발견해야 한다. 작가 프레데릭 부흐너 Frederick Buechner는 자아의 발견을 이렇게 묘사하였다.

내 안에는 공동묘지가 있다. 지금까지의 나의 모든 자아들 '엄마의 자랑이던 개구쟁이, 여드름투성이의 소년, 비밀이 많던 감성주의자, 내키지 않는 군인, 새벽녘에 병원 유리창 너머로 자신의 첫 번째 아이를 바라보던 남자' 등이 거기에 묻혀 있다. 그러나 한때 나였던 그 모든 자아들은 더 이상 내가 아니다.

그것들을 담고 있었던 그 몸도 더는 내가 아니다. 그리고 내가 아무리 노력해도 그 자아들의 부스러기와 조각들만 기억날 뿐, 그 껍데기 안에서 살았던 그들의 삶이 어떤 것이었는지 더는 기억할 수 없다. 그렇지만 그들은 오늘 나의 껍데기 안에 살아 있다. 그들은 내 안 어딘가에 묻혀 있다가 어떤 특정한 노래로 살아나기도 하고, 어떤 냄새에 의해 살아나기도 하며, 특정한 풍경이나 날씨의 변덕에 의해 살아나기도 하는 유령들이다. 그들은 더이상 내가 아니지만, 나라는 사람이 그들과 전혀 관계 없는 것도 아니다. 왜냐하면 그들이 그들이었던 것으로 말미암아 지금의 내가 되어 있기 때문이다.

부흐너는 덧붙였다.

내 안에는 또한 아직 내가 되지 못했지만 언젠가는 될 미래의 모든 나의 자아들이 함께 묻혀 있다.

이것은 우리 자녀들에게도 분명한 사실이다. 우리의 자녀들이 하나님께서 정하신 길을 발견하도록 돕는 것이 우리가 해야 하는 가장 중요한 일이다.

값을 치르는 기도

아내와 나는 우리 아이들의 이름을 지을 때 매우 힘이 들었다. 이름 짓는 일은 보통 어려운 일이 아니다. 그러나 당신이 당신의 아이에게 무슨 이름을 지어 주든, 그것은 그들의 진짜 이름이 아니다. 당신이 지어 주는 이름은 가명에 지나지 않는다.

요한계시록 2장 17절은 하나님께서 언젠가 우리에게 우리의 새로운 이름이 기록된 흰 돌을 주실 것이라고 알려 주는데, 그 이름은 우리의 창조주 이외에 누구에게도 알려지지 않은 이름이다. 그 이름은 우리가 태어나기 전에 하나님이 우리에게 주신 이름이며, 우리가 죽은 후에야 그 이름이 알려질 것이다. 그리고 하나님이 마침내 우리의 진짜 이름을 알려 주실 때, 그것은 우리의 진짜 정체성을 드러내 줄 것이다. 그때까지 우리는 지상의 부모가 지어 준 별명을 가지고 살아가는 것이다. 우리는 또한 우리가 누구인지를 발견하는 데도 지상의 부모에게 의지해야 한다. 예언자이며 역사가로서 당신의 역할의 절반은 당신의 자녀를 아는 것이다. 그리고 다른 절반은 성경을 아는 것이다. 그것은 철도의 두 선로와 같이 우리가 우리의 자녀를 마땅히 행할 길로 인도하는 길이 된다 잠 22:6.

> 당신은 피와 땀과 눈물의 값을 치르는 기도를 해야 한다.

우리의 자녀들이 인생의 새로운 계절에 접어들 때는 불확실과 불안정으로 들어가게 된다. 아이들은 그들이 어디에 적합한지 또 그들이 누구인지 확신하지 못해서 정체성의 위기를 경험할 수 있다. 그들이 중학교나 고등학교, 대학교에 들어갈 때 우리는 우리의 자녀를 위하여 특별히 중보기도해야 할 필요가 있다. 이러한 위기의 교차로에서 우리는 우리의 아들과 딸이 좋은 친구들을 사귀고 올바른 선택을 할 수 있도록 기도해야 한다. 또한 그들의 양심에 따라 쉬운 길만 찾아다니지 않도록 기도해야 하며, 그들이 힘든 상황에서 그저 살아남는 것만이 아니라 그 속에서 더 강하게 성장하도록 기도해야 한다.

만일 당신의 자녀들이 하나님의 뜻을 분별하거나 행하는 데 어려움을 겪는다면, 당신은 예수님이 겟세마네에서 하셨던 것과 같은 깊은 고뇌의 기도로 그들을 도와야 할지도 모른다. 그런 기도를 하는 것이 부모의 역할이다. 당신은 값을 치르는 기도 즉, 피와 땀과 눈물의 값을 치르는 기도를 해야 한다. 당신이 사랑하는 자녀를 위해서 말이다.

거룩한 자신감

나는 최근에 서머를 위해서 몇 시간 동안 깊은 고뇌의 중보 기도를 했다. 서머가 어떤 결정을 해야 할 시점에 서 있었는데, 그 결정은 매우 중요한 것이었다. 그 아이는 과거에 정규 배구팀에 들어가 경기를 해 본 적이 없었지만 신입생 배구팀에 지원을 했다. 내가 그렇게 하도록 강력하게 권했기 때문에 나는 더 큰 책임감을 느꼈다.

테스트 받던 날, 서머는 다른 선수들과 함께 경기를 했는데, 뛰어난 선배 선수들의 경기 모습에 완전히 주눅이 들었다. 그들은 미국대학체육협회NCAA 1부 리그에서 뛰는 우수한 선수들이었던 것이다. 서머는 첫날 테스트를 마치고 그만두겠다고 했다. 나는 포기해서는 안 된다고 했다. 나는 그 아이의 고등학교에서의 첫 경험이 '테스트에서 떨어지는 것'이 되지 않기를 바랐다. 그리고 서머에게도 그것을 강조했다. 그런데 문제는 하필 그때 내가 집에 없었다는 것이다. 정말이지 중요한 일은 언제나 내가 밖에 나와 있을 때 일어난다!

> 나는 하나님의 영광을 위하고 하나님을 뜻을 행하는 데서 오는 거룩한 자신감을 위하여 기도한다.

나는 그날 밤 전화로 서머와 몇 시간 동안 이야기를 나누었다. 나는 무엇을 해야 할지 무슨 말을 해야 할지 몰랐지만, 우리가 기도해야 한다는 것은 분명히 알았다. 그날 밤 나는 잠을 잘 수가 없었다. 하나님이 서머에게 용기를 주셔서 그 아이가 포기하지 않기를 몇 시간 동안 간절히 기도했다. 그 아이의 마음을 움직일 수 있는 어떤 일이 일어나기를 기도했다. 물론 그 어떤 일이라는 것이 무슨 일인지 전혀 알 수 없었지만 말이다.

그 다음 날 배구팀 코치가 전화를 했다. 거짓말 같지 않은가? 그는 꼭 그렇게 해야 할 이유가 없었다. 솔직히 나는 그 말을 듣고도 믿을 수가 없었다. 어쨌든 그 전화를 받고 서머는 다시 테스트에 참여할 것을 결심하였다. 나는 우리 딸이 너무 자랑스러웠다! 나는 서머가 배구팀에 들어가서 멋진 시즌을 보냈다는 것 때문에 자랑스러웠을 뿐만 아니라, 자존심을 억

누르고 두려움과 직면하고, 위기를 극복했기 때문에 그 아이가 자랑스러웠다.

이런 상황이 당신에게는 별 의미가 없을 수도 있을 것이다. 그리고 이것은 분명 죽느냐 사느냐가 걸린 문제도 아니었다. 그러나 나는 서머가 다시 테스트를 받으러 돌아갔다는 사실이 서머의 인생에 중요한 경험이 되었음을 느꼈다. 그 시점은 서머가 자기 자신에 대해서 긍정적인 자아상을 가지거나, 아니면 실패의 경험으로 인해 늘 자신감 없는 아이로 자랄 수 있는 중요한 순간이었다. 그것을 알았기에 나는 이를 위해 깊은 고뇌의 기도의 대가를 치렀으며, 다행히 서머는 자신감을 얻게 되는 선택을 했던 것이다.

그날 밤의 중보기도 이후 나는 서머를 위해 기도할 때 자신감 있는 아이로 자랄 수 있기를 반복하여 기도하였다. 내가 말하는 자신감은 자기 자신에 대한 자신감이 아니다. 나는 하나님의 영광을 위하고 하나님을 뜻을 행하는 데서 오는 거룩한 자신감을 위하여 기도한다. 그것은 하나님의 능력과 은혜, 그리고 하나님의 말씀에 닻을 내린 자신감이다. 그래서 나는 자신감에 관한 모든 성경 구절들을 찾았고, 학교에 가기 전 10분간의 경건의 시간에 그 구절들을 서머에게 읽어 주었다. 나는 그 약속들이 그녀의 영혼과 무의식에 침투하기를 바랐다.

말씀에 기도의 원 그리기

우리의 막내아들 요시야는 두려움이 많은 아이이다. 그런데 그 두려움은 때로 절망적으로 다가오기도 한다. 그래서 우리 부부는 요시야를 위해 기도할 때마다 그 '두려움'에 대해서 기도한다. 그러나 우리가 인내할 수 있는 것은, 우리 자신도 어린 시절에 같은 어려움을 겪었기 때문이다.

> 능력 있는 기도의 대부분은 하나님의 약속의 말씀과 연결되어 있다.

나에게 있어서 큰 두려움은 빅풋Bigfoot[1]이었다. 나는 그가 침대 아래나 벽장 속에 산다고 확신했었다. 우리 식구들은 잠자리에 들기 전 각자 자기 방에서 "잘 자라"는 인사를 하였다. 나는 어둠 속에서 "안녕히 주무세요, 엄마. 안녕히 주무세요, 아빠. 잘 자, 형"이라고 인사를 하였는데, 그러면 형은 이렇게 인사를 했다.

"안녕히 주무세요, 엄마. 안녕히 주무세요, 아빠. 잘 자, 마크. 잘 자, 빅풋."

그는 매번 나를 그렇게 골탕 먹였다! 엄마와 아빠는 두려워

---

[1] 북미 서부에 살고 있는 것으로 여겨지는 온몸이 털로 덮인 원숭이. 픽사의 애니메이션 몬스터주식회사에 나오는 설리번-역자 주.

하는 나를 위해 일어나서 벽장과 침대를 몇 번이고 확인시켜 주곤 했다. 사실 나의 두려움은 비합리적인 것이었는데, 만약 빅풋이 벽장 안이나 침대 아래 살 수 있다면 그는 그렇게 크지 않을 것이다! 그러나 비합리적인 두려움을 합리적으로 설명할 수는 없다. 비합리적인 두려움은 오직 기도로만 극복될 수 있다.

우리의 능력 있는 기도의 대부분은 하나님의 약속의 말씀과 연결되어 있다. 내가 매우 좋아하는 말씀 중 하나는 빌립보서 4장 6절에서 7절이다.

> "아무것도 염려하지 말고 다만 모든 일에 기도와 간구로, 너희 구할 것을 감사함으로 하나님께 아뢰라. 그리하면 모든 지각에 뛰어난 하나님의 평강이 그리스도 예수 안에서 너희 마음과 생각을 지키시리라" 빌 4:6-7

나는 이 말씀을 붙들고 기도하였고, 요시야에게는 그 말씀을 암송하도록 했다. 나는 하나님의 약속의 말씀에 기도의 원을 그리면 그 약속들이 우리를 둘러싼다는 것을 요시야에게 가르치고 있는 중이다.

이성보다 하나님을 더 사랑하도록

하나님께서 내 마음속에 파커를 위하여 기도하도록 주신 말씀 중 하나는 그가 성장해서 하나님을 사랑하고 여자들을 사랑하는 것에 관한 것이다. 첫 번째는 명백하다. 나는 파커가 지상명령에 순종하는 데 최고가 되기를 위하여 기도한다. 나는 그가 마음과 뜻과 정성과 힘을 다하여 하나님을 사랑하게 되기를 위하여 기도한다. 그것이 진정한 위대함이다.

> 결혼 이전의 섹스는 미래의 배우자에 대한 부정 행위이다.

여자들을 사랑한다는 두 번째 부분은 설명이 좀 필요할 것 같다.

나는 파커가 '하나님이 남자와 여자를 창조하셨다' 창 1:27는 창조 질서를 올바로 이해하고 인식하기를 위하여 기도한다. 나는 파커가 이미 그의 삶에 들어와 있는 여자들, 즉 그의 어머니와 여동생으로부터 시작해서 여성을 존중할 줄 알게 되기를 위하여 기도한다. 그리고 궁극적으로 함께 인생을 살아갈 수 있는 여자, 함께 하나님 안에서 성장할 수 있는 여자를 만나 결혼하게 되기를 위하여 기도한다.

우리는 성적인 붕괴로 가득한 문화 속에 살고 있으며, 나는 그것이 성적 혼란의 결과라고 생각한다. 문제는 교회가 모든 사람이 생각하는 것에 대하여 말해 주는 대신에 아무도 묻지 않는 질문에만 대답하고 있다는 것이다. 성은 목록의 맨 위에 있으며, 성경은 그것에 대해 명백하게 교훈하고 있다. 성은 남편과 아내 사이의 언약으로서 '결혼'이라는 서약의 범위 안에서 즐기게 되어 있다. 물론 우리의 문화는 다른 의견을 내세운다. 사실 우리의 문화는 우리에게 어떤 것이 잘못되었다고 말하는 것이 오히려 잘못이라고 말한다. 만일 우리가 목소리를 내지 않는다면, 중요한 진리를 잃게 될 것이다.

우리의 중요한 책임 가운데 하나는 우리 아이들에게 옳고 그름의 차이를 가르치는 것인데, 성의 주제에 대해서는 더욱 그러하다. 우리는 성을 하나님이 주신 선물로 즐거워해야 한다. 성은 그저 좋은 것good thing만이 아니라 하나님의 것God thing이다. 우리는 또한 우리 아이들에게 성은 즐거운 것이지만, 반드시 '결혼'이라는 울타리가 있어야 한다는 것을 이해하도록 도와주어야 한다. 결혼 밖의 성은 죄다.

나는 간음에 대해서 말하는 것이 아니다. 성경적으로 말하자면, 결혼 이전의 섹스는 미래의 배우자에 대한 부정 행위이다. 우리는 신실함으로 품위를 유지해야 한다. 우리가 품위를 유지하지 못하면서 우리의 아이들이 신실하기를 원하는 것은 쉽지 않을 것이다. 우리 아이들에게 성에 관하여 가르칠 때, 우리는 그들에게 그저 말하지만 말고 기도해야 한다. 그리고 당연히 아이들과 '대화'를 해야 한다. 또한 시편 37편 4절에 기도의 원을 그리는 것도 필요하다.

> "또 여호와를 기뻐하라 그가 네 마음의 소원을 네게 이루어 주시리로다" 시 37:4

이 약속의 말씀은 백지수표가 아니다. 그것은 하나님이 무엇이든지 당신이 원하는 대로 주신다는 것을 의미하는 것이 아니다. 오히려 그와 정반대이다! 만일 당신이 진정으로 여호와를 기뻐한다면, 성령께서 당신의 소원을 근본적으로 바꾸신다는 뜻이다.

옛 욕망이 잘 죽지 않는다는 것은 의심의 여지가 없다. 그것들은 목숨이 아홉 개나 되는 것 같다. 그중에서도 성적 욕망은 가장 죽기 어려운 것이다. 자신에 대하여 죽는 것은 죄악된 욕망에 대하여 죽는다는 것을 의미한다. 그러면 성령께서 당신 안에 새로운 소원, 거룩한 소원을 품게 하신다고 약속하고 계시는 것이다.

그러므로 당신의 십대 딸이 임신하지 않기를 위해서만 기도할 것이 아니라, 당신의 아들이나 딸이 성령으로 충만하기를 위하여 기도하라. 당신의 자녀들이 잘못을 저지르지 않도록 방어적으로만 기도하지 말고, 그들이 옳은 일 하기를 위하여 기도하라. 하나님이 그들을 안전하고 건전하게 지켜 주시기만을 기도하지 말고, 하나님의 목적을 이루기 위해서는 그들이 위험에 처해질 수도 있다는 것을 인정하는 기도를 드리라.

말씀을 가지고 기도하라

만일 당신이 무엇을 해야 할지, 어디서 시작해야 할지 잘 모르겠다면, 하나님의 말씀을 붙들고 기도하라. 그것은 마치 당신의 운영체제에 새로 올라온 프로그램을 업데이트하는 것과도 같다. 또한 양심을 업그레이드함으로써 성령과 성경에 주파수를 세밀하게 맞출 수 있게 된다. 당신의 자녀들이 양심으로 안내자를 삼았다고 확신하게 될 때 비로소 당신은 그들을 떠나보낼 수 있게 될 것이다. 또한 그 때에야 하나님이 그들과 함께하시는 것을 확신할 수 있게 된다.

앞에서 말한 것처럼, 능력 있는 기도의 대부분은 하나님의 약속들과 연결되어 있다. 하나님의 약속의 말씀들을 가지고 기도하고 있다면, 거룩한 자신감을 가져도 좋을 것이다. 그런 기도는 결과를 예측할 필요가 없다. 하나님의 말씀은 헛되이 돌아오지 않는다 사 55:11.

> 기도로 드려진 것은 반드시 다시 돌아온다.

그러나 하나님의 약속이라고 해서 상황과 관계없이 그것을 요구할 수 있는 것은 아니다. 그런데 우리에게 있어서 문제는 하나님의 약속들을 너무 많이 요구하는 것에 있는 것이 아니라 너무 적게 요구하는 것에 있다. 만일 우리가 하나님의 말씀 위에 서 있다면, 그분과 함께 서 있는 것이다. 그 말씀이 곧 하나님이시기 때문이다.

나는 우리의 아이들을 위해서 누가복음 2장 52절을 수천 번도 더 기도했다.

> "예수는 지혜와 키가 자라가며 하나님과 사람에게 더욱 사랑스러워 가시더라"

내가 한 기도들에 관해 늘 즉시로 하나님의 응답하심의 증거를 볼 수 있는 것은 아니지만, 나는 확신하고 있다. 기도로 드려진 것은 반드시 다시 돌아온다는 것을 말이다. 그러므로 우리 아이들이 삶의 결정적인 순간에 하나님의 특별한 은총을 입는다고 해도 나는 그리 놀라지 않을 것이다. 그것은 내가 늘 기도해 왔던 것이기 때문이다.

최근에 파커는 남아프리카로 가는 단기선교팀의 공동 책임자로 선교에 참가했다. 여행하는 동안 팀원 한 명이 나에게 이메일을 보내어 파커의 예언자적 기름 부음에 대하여 말해 주었다.

"당신이 드렸던 누가복음 2장 52절의 기도가 지금 막 파커에게서 결실을 맺으려 한다는 것을 알려드립니다. 그와 함께 단기선교를 한다는 것은 정말 멋진 일입니다. 우리 모두는 파커를 사랑합니다!"

나는 앞으로도 우리 아이들이 어른이 될 때까지 아니 장성한 어른이 되어서도, 설명할 수 없는 큰 사랑과 은혜를 풍성하게 경험할 것이라고 확신한다. 그를 위해 내가 수천 번의 기도를 드렸기 때문이다. 하나님께서는 각각의 기도에 응답하실 것이니, 수천 번의 응답을 나는 기대한다.

약속의 말씀에 원 그리기

아이들을 키우면서 낙심하게 될 때가 있을 것이다. 아이들을 양육하는 것에 너무나 어려움을 느껴 깊은 절망에 빠지게 될 때, 아무런 희망도 보이지 않고 부모로서 무기력하다고 느낄 때, 그럼에도 불구하고 우리는 하나님의 약속의 말씀들에 기도의 원을 그리는 일을 계속해야 한다. 나는 '후방 진지'라고 부르는 성경의 구절들을 한 움큼 가지고 있다. 심히 연약해져 있을 때 온 믿음을 다하여 후퇴하는 곳은 바로 그 약속의 말씀들이다. 그 말씀들 중에 특별히 부모들을 위해 도움이 되는 구절은 이사야 61장 3절이다.

> "무릇 시온에서 슬퍼하는 자에게 화관을 주어 그 재를 대신하며 기쁨의 기름으로 그 슬픔을 대신하며 찬송의 옷으로 그 근심을 대신하시고 그들이 의의 나무 곧 여호와께서 심으신 그 영광을 나타낼 자라 일컬음을 받게 하려 하심이라"

우리의 자녀들처럼 순전한 기쁨을 가져다주는 것은 없다. 그런데 우리의 아이들은 말이나 행동으로 우리의 가슴을 찢어 놓기도 한다. 처음으로 '싫어'라는 단어를 배운 아이이든, 모든 것에 반항하는 십대이든, 고통스러운 이혼의 과정을 겪고 있는 성인 자녀이든, 당신은 그들 자녀 때문에 이사야가 말한 '근심'을 경험하게 될 것이다. 그리고 그때야말로 마땅히 기

> 근심이 아침 안개처럼
> 사라지기 전까지는
> 찬송의 옷을 벗지 말라!

도할 바를 알지 못하기 때문에 성령님과 함께 기도해야 할 순간이다.

그런 순간에 나는 이사야가 처방해 준 대로 '찬송의 옷'을 입는다. 시간이 지나면 그 찬송의 옷은 당신이 가장 즐겨 입는 옷처럼 당신에게 잘 맞게 될 것이다. 당신은 종종 기도 옷장에서 그것을 꺼내야 할 것이다. 그리고 근심이 아침 안개처럼 사라지기 전까지는 그 찬송의 옷을 벗지 말라!

최근에 나는 아들과의 관계가 깨진 것 때문에 비탄에 잠긴 한 부부를 만났다. 그들 아들이 '게이'라고 말했을 때, 그들은 어떻게 반응해야 할지를 몰랐다고 한다. 그 아들뿐만 아니라 그 부모들도 실수를 했고 나중에 후회하게 될 말들을 하고 말았다. 그 이후 그들은 서로 말을 않고 지냈는데, 그런 지가 벌써 10년이나 되었다고 한다. 너무나 무겁고도 힘든 마음으로 살고 있다고 하였다.

이 부부는 나와 이야기하면서, 기도의 원을 그리기 시작할 때라고 느꼈다. 우리는 실제로 그 자리에서 손을 잡고 기도의 원을 만들었다. 그렇게 기도의 원을 그리며 기도를 시작한 지 한 달이 되기 전, 그들의 방탕한 아들이 집으로 돌아왔다!

지금도 치유가 일어나고 있을까? 물론이다. 당신은 10년 묵은 문제를 10분이나 10일 만에 해결할 수는 없을 것이다. 나는 지금 하나님이 즉각적인 치유나 순간적인 구원을 이루실 수 없다고 말하는 것이 아니다. 하나님께서 일하시는 방식은 다양하다. 하나님께서 단번에 그리하실 때도 있지만, 한 번에 한 계단씩 올라가는 방식으로 문제를 해결하실 때도 있다. 하나님께서 서서히 당신의 문제를 다루시기 원하실 때, 당신이 첫 번째로 행해야 할 단계가 바로 '기도'이다. 당신의 그 작은 시작은 큰 도약으로 바뀔 수 있다.

Chapter 05

두 번째 원 :
기도제목 만들기

"여호와여 아침에 주께서 나의 소리를 들으시리니
아침에 내가 주께 기도하고 바라리이다" 시 5:3

나는 쇼핑하는 데 자질이 없는 사람이다. 사려고 했던 것을 다 사서 집에 오는 경우는 거의 없고, 또 사지 말았어야 하는 것을 매번 한두 가지씩 사서 오기 때문이다. 왜 그럴까? 나는 내가 쇼핑할 것들을 적어서 가지 않기 때문이라는 것을 깨달았다. 그런데 그것은 나만 그런 것이 아니었다. 대부분의 남자들이 그렇다는 것이다.

한 연구에 의하면 여자들은 거의 100% 쇼핑목록을 가지고 쇼핑을 하지만, 남자들은 단 25%만이 쇼핑목록을 가지고 쇼핑을 한다고 한다. 남자들이 쇼핑하는 품목의 60~70%는 계획되지 않은 것이다. 또한 그 연구를 보면, 남자들이 여자들보다 정크 푸드 junk food를 더 많이 산다고 하였다. 대단한 남자들이여!

어떤 사람에게는 목록을 작성한다는 것이 성격에 맞지 않는 일이라는 것을 잘 안다. 목록을 작성하는 것은 사실 즐거운 일이 아니다. 그러나 우리가 해야 할 일을 제대로 하는 데 있어서 그보다 더 좋은 방법이 있는가? 그리고 우리에게 식료품 목록이나 초청자 목록, 작업 목록이 필요하다면, 기도의 목록 역시 필요하지 않겠는가?

기도 목록을 작성하는 것은 하나님 앞에 처리해야 할 일의 목록을 늘어놓는 것이 아니다. 기도는 우리의 과제를 하나님께 제시하는 것이 결코 아니다. 사실 그것은 우리에게 원하시는 하나님의 과제를 발견하는 일이다. 우리가 일단 그분의 의도를 읽게 된다면, 그것을 적어 두어야 한다. 내 개인적 경험에 의하면, 기도의 목록 없이 구체적으로, 의도적으로, 그리고 꾸준히 기도하는 것은 대단히 어렵다. 기도의 목록을 작성하라. 그래야 하나님이 당신의 기도에 응답하셨을 때 하나님께 영광을 돌릴 수 있을 것이다.

존과 수잔은 워싱턴 외곽에 있는 '폴스 처치'에서 30년 이상을 목회하면서 다섯 자녀를 양육했다. 그들의 딸 앨리슨은 자신이 어렸을 때, 동이 트기 전 아빠가 서재에서 가족들을 위하여 기도하는 소리를 들었던 것이 매우 의미 있는 기억이라고 말했다. 그 말을 듣고 존은 오래된 수첩을 꺼내어 오랜 세월 동안 기도해 왔던 목록을 살펴보았다. 앨리슨이 네 살 때 밥투정하지 않게 해달라고 했던 것부터 시작하여, 일곱 살 때 책 읽는 데 흥미를 갖기 위하여 기도했던 것 등 그 목록이 매우 다양했다. 앨리슨의 학창 시절에는 학업과 운동에 모두 열심이기를 기도했다. 그리고 그는 특별히 딸과의 친밀한 관계를 위하여 기도했는데, 그것이 그의 기도를 더욱 풍성하도록 도와주었기 때문이다. 또한 존은 앨리슨의 미래의 남편을 위하여 오랫동안 기도했다. 후에 그 기도의 목록은 존의 가장 중요한 소장품이 되었는데, 그것은 앨리슨의 삶에 나타난 하나님의 신실하심에 대한 기록이기 때문이다.

> 기도는 우리의 과제를 하나님께 제시하는 것이 결코 아니다.

아내와 나는 멋진 아이디어를 존과 수잔으로부터 얻었다. 매년 여름마다 그들은 버지니아 시골의 농장에서 모든 친척들이 참석하는 캠프를 가졌다. 그 캠프는 자녀들이 성장하여 집을 떠난 후에도 친밀한 가족으로 남을 수 있도록 도와주었다.

기도수첩

새해가 되면 로라와 나는 커피 데이트를 하며 우리 아이들을 위한 기도의 목록을 만든다. 그 기도제목들에는 다른 모든 부모들이 자기 자녀들을 위해서 기도하는 일반적인 것들이 포함되어 있다. 그리고 더 나아가 우리는 우리 아이들만의 고유한 성품과 재능, 좋아하는 분야에 근거하여 기도의 제목을 더 개별적으로 작성하려고 애쓴다. 그 기도의 목록 가운데 하나는 다음과 같다.

"주님, 우리 아이들이 성령님의 조용하고 작은 목소리에 귀를 기울일 수 있게 해 주세요."

나는 우리 아이들이 그들 자신의 목소리를 잘 듣기 원하는데, 그들이 그렇게 되기 위해서는 그들은 먼저 하나님의 목소리를 들을 수 있어야 한다. 만일 그들이 하나님의 목소리를 듣지 못한다면, 그들은 세상의 문화를 흉내낼 것이다. 그들이 하나님의 목소리를 듣는다면, 사람들은 그들에게 들을 것이며, 그들은 그들 세대의 대표적인 목소리가 될 것이다.

나는 우리 아이들이 예언자적 목소리를 갖기 원하는데, 그것은 예언자적 귀를 갖는 것으로부터 시작된다. 그래서 하나님이 그들에게 사무엘의 귀를 주시도록 기도한다 삼상 3:1-10.

나는 내가 아이들을 위해서 기도했던 기도의 일지를 우리 아이들에게 보여 줄 순간을 기대하고 있다. 어떤 내용은 이미 그들에게 이야기하기도 했지만, 어떤 것들은 그 제목들이 응답될 때까지 아무에게도 말하지 않을 작정이다. 어쨌든 우리는 기도수첩에 우리의 기도들을 기록함으로써 문서로 만드는 것이 필요하다. 자녀들을 양육하면서 기록으로 남기는 것이 상당한 유익을 줄 것이다.

> 우리 아이들이 성령님의 조용하고 작은 목소리에 귀를 기울일 수 있게 해 주세요.

내 친구의 아버지는 자녀들에게 알리지 않고 기도수첩을 기록하셨는데, 그 친구는 아버지가 세상을 떠난 후에야 그 기도수첩을 발견하였다고 한다. 그 기도수첩은 그녀의 가장 소중한 보물이 되었다.

당신이 두 살이나 열두 살, 또는 스무 살이었을 때 당신의 아버지나 어머니가 당신을 위하여 기도한 내용을 본다는 것은 엄청난 기쁨이요 감격일 것이다. 한 가지 분명한 사실은, 그 기도수첩을 통해 우리 아이들이 자신들의 삶에서 역사하셨던 하나님을 느낄 수 있게 된다는 것이다. 그를 통해서 우리 아이들은 하나님을 찬양할 수밖에 없게 될 것이다.

기도포스터

 몇 년 전, 의사당 근처에서 목회하는 친구 데니스와 도나는 하나님이 자녀들을 위하여 무슨 일을 해야 하는지 꿈을 주셨다고 했다. 그리고 그에 대한 말씀을 뽑아 액자에 넣어 아이들의 방에 걸어 두었다고 한다. 처음에는 과연 아이들이 그 말씀의 의미를 깨달을 수 있을까 걱정되기도 하였다.

 그런데 성장하여 집을 떠난 첫째 딸이 최근에 이런 말을 했다고 한다. 언젠가 밤에 잠이 오지 않아 벽에 걸린 말씀을 올려다보았는데 그 말씀이 그녀에게 깊이 다가왔다는 것이다. 그 이후 액자에 담긴 그 말씀이 그녀의 인격과 믿음에 지대한 영향을 끼쳤다고 한다. 그녀는 하나님이 정하신 자신의 정체성을 말씀을 통해서 발견하게 되었으며, 어떻게 살아야 할지, 또 어떤 길을 가야 할지를 결정할 수 있게 되었다고 한다.

 아내와 나는 그 아이디어가 마음에 들어 우리도 그렇게 해보기로 하였다. 서머가 열세 살 생일을 맞이하게 될 때, 아내는 서머의 이모들에게 서머의 삶에 영향을 줄 수 있는 예언적 말씀들을 적어달라고 부탁했다. 이모들은 각각 세 개의 말씀들을 가져왔다.

 우리는 그 말씀들을 한 장의 포스터로 만들었다. 이 말씀들은 우리가 서머의 남은 인생 동안 기도할 기도제목이 되었다. 그것은 매우 창조적이고도 개별적인 기도의 목록이었다. 나는 종종 서머의 방에 들어가 그 기도포스터에 적힌 말씀들을 나의 기도제목으로 삼을 것이다.

도시락쪽지

내 친구 브래드와 앤지는 이 아이디어를 더 발달시켜서 '도시락쪽지'라는 것을 만들었다. 다른 부모들처럼, 앤지는 세 자녀를 위하여 매일 도시락을 싸야 하는 고역에 시달리고 있었는데, 그녀는 그 임무에서 자기만의 보상을 찾기로 작정했다. 그녀는 도시락에 아이들에게 쪽지를 넣어 주기로 했다.

처음에 그녀는 문방구에 가서 쪽지로 쓸 만한 적당한 종이를 찾아보았는데, '너는 록 스타야'라고 쓰여 있거나 '너는 너희 반에서 가장 멋진 고양이'라고 쓰여진 것들밖에 없었다. 그래서 그녀는 접착식 메모지를 구매해서 자신이 찾은 성경구절들, 하나님께 받은 약속들, 그리고 아이들을 향한 기도를 기록하여 아이들의 도시락에 넣어 주기 시작했다. 아이들 중의 하나가 시험을 보는 날이면, 시편 121편 2절을 적은 말씀

쪽지를 넣어 주었다.

"나의 도움은 천지를 지으신 여호와에게서로다"

어떤 때는 다음과 같은 도전의 글을 적기도 했다.

"도움이 필요한 사람을 보거든, 제일 먼저 달려가라."

이 때 중요한 것은 아이들이 이해할 수 있는 언어로 말하라는 것이다. 그들에게 익숙한 언어가 문자 메시지라면, 하루에 몇 차례씩 그들에게 문자를 보내어 당신이 그들에게 기도의 원을 그리고 있음을 알리라.

그런데 당신이 자녀들을 위해서 기도할 때 가장 중요한 것은, 당신의 믿음이다. 당신이 당신 자녀들에게 기도의 원을 그릴 때 하나님께서 반드시 행하시리라는 확신을 갖는 것은 그 무엇보다 중요하다.

기도책

몇 년 전에 내 친구 크리스와 로라가 아주 멋진 아이디어를 우리에게 주었다. 그들이 어디에서 그런 아이디어를 얻었는지 잘 모르겠다. 로라가 임신했을 때, 아직 배 속에 있는 아기를 위한 기도문을 주위

> 당신이 자녀들을 위해서 기도할 때 가장 중요한 것은, 당신의 믿음이다.

사람들에게 적어달라고 요청했다. 가족들과 친구들이 아직 태어나지도 않은 아이를 위해 기도해 주었고, 또 그것들을 글로 작성해서 주었다. 그리고 그 기도들을 모두 모아 한 권의 책으로 엮었다.

각각의 기도들은 가족들과 친구들의 성품을 통하여 주어진 하나의 예언이었다. 그리고 그 기도들이 책으로 만들어졌다는 사실은 그 기도들을 더욱 강력하고 인상적으로 만들었다. 그들은 둘째 아이를 가졌을 때도 그렇게 하였다.

나는 그들이 그 기도의 책들을 자신의 아들들에게 주는 순간을 상상할 수 있다. 자신이 태어나기도 전에 드려졌던 기도문을 읽는 것은 어떤 마음일까? 모르긴 몰라도, 그들 마음에 하나님을 향한 신실함이 넘쳐흐를 것이다.

나는 아이가 태어나기도 전에 아이를 위한 기도책을 만든다는 것이 정말 마음에 든다. 그런데 당신은 이미 아이를 낳았는가? 그럴지라도 결코 늦지 않다. 아이가 유치원에 들어가는 것을 기념하여 만들 수도, 또 고등학교 졸업을 기념하

여 기도책을 만들 수도 있다. 아니면 자녀의 결혼식 선물로 기도책을 만들 수도 있을 것이다.

인생의 목표 리스트

기도의 목록을 만드는 아주 실제적인 방법을 하나 알려 주겠다. 그것은 자녀들과 함께 인생의 목표 목록을 만들어 보는 것이다.

파커가 열두 살이 될 때쯤, 나는 몇 개월에 걸쳐 1년짜리 훈련 언약서를 만들었다. 거기에는 신체적, 지적, 그리고 영적 구성 요소들이 다 포함되어 있다.

먼저 신체적 도전은 함께 세 가지 운동을 하는 것이었다. 지적인 부분은 열두 권의 책을 함께 읽는 것이었고, 영적인 부분은 여러 면으로 구성했는데, 신약성경을 통독하고 사순절에는 텔레비전 금식을 했다.

나는 또한 파커에게 그의 인생의 목표 목록을 만들도록 하였다.

이 목록은 그와 내가 공동 저자로 이름을 올린 《학생들을 위한 써클 메이커》 *Student Edition of The Circle Maker*에 들어 있다. 인생의 목표들을 작성할 때에 지나치게 영적으로 작성하지 않도록 주의하라. 그렇지 않으면 그 목표가 오히려 당신을 공격할 것이다. 어쨌든, 나는 인생의 목표 목록이 기도의 목록보다 두 배나 길다는 것을 발견했다. 각각의 목표는 그들의 믿음의 표현이며, 결국 믿음이라는 것은 바라는 것들을 확신하는 것이기 때문이다히 11:1.

> 자녀들과 함께 기도하는 것보다 서로를 긴밀하게 엮어 주는 끈은 없다.

자신의 인생 목표를 세우면, 아이들은 그 목표 때문에 기도하게 될 것이다. 그리고 기도를 쉬지 않게 될 것이다. 또한 그것은 아이들로 하여금 침체에 빠지는 것을 방지해 줄 것이다.

자녀들과 함께 기도하는 것보다 서로를 긴밀하게 엮어 주는 끈은 없다. 당신의 기도와 당신 자녀의 기도가 서로 연결되어 당신과 당신 자녀를 강력하게 엮어 줄 것이다. 그러므로 당신의 아이들과 하나가 되는 가장 좋은 방법은 공유된 목표를 함께 추구하는 것이다.

20대 후반에 나는 처음으로 내 인생의 목표 목록을 작성했었다. 그러나 후에 나는 그 목록을 완전히 뜯어 고쳤다. 솔직하게 말하자면, 나의 첫 번째 기도 목록은 심하게 자기중심적이었다. 그것은 주로 나 자신의 주위를 맴돌았다.

후에 나는 그 목록 위에 관계적인 부분을 추가하였다. 파리를 여행하면서 파리의 에펠탑만을 보고 돌아오고 싶지는 않다. 나는 그 에펠탑 꼭대기에서 아내와 진한 키스를 나누고 돌아오고 싶기 때문이다. 마찬가지로 기도의 성취도 중요하지만 그 기도를 이루어나가는 데 있어서 하나님께서 주신 사랑하는 사람들과 행복을 나누고 싶기 때문이다.

앞 장에서 나는 자녀들을 학습해야 함의 중요성에 대해서 말했다. 그 한 가지 방법은 자녀들의 독특한 관심들을 반영하는 인생의 목표 목록을 만드는 것이다.

서머의 수영 실력은 보통이 아니다. 서머를 향한 내 목표 중 하나는 그녀와 함께 '알커트래즈 탈출 수영대회' Swim the Escape from Alcatraz, 과거에 감옥으로 사용되었던 샌프란시스코 앞바다의 앨커트래즈 섬에서 출발하는 수영 대회 -역자 주에 출전하는 것이다. 서머는 또한 뮤지컬과 뉴욕을 무척 좋아한다. 그래서 나는 서머와 함께 브로드웨이 연극을 관람하는 것에 상당한 의미를 두는 것이다.

파커는 나의 탐험 유전자를 물려받았다. 그래서 나는 내 인생의 목표를 그것에 맞추었다. 그 중 하나는 우리가 페루에 갔을 때 실현되었는데, 우리는 마추픽추까지 잉카 Inca의 흔적을 따라 등반했으며, 잉카의 신성한 계곡 위에서 패러글라이딩 Para gliding을 했다!

요시야는 미식축구의 열렬한 팬이다. 그래서 나는 기회가 되면 그를 슈퍼볼 경기에 데려간다. 우연한 일치였지만 45차 슈퍼볼 경기가 열린 날은 그의 아홉 번째 생일이었다!

Chapter 06

세 번째 원 :
반복기도하기

"또 기도할 때에 이방인과 같이
중언부언하지 말라" 마 6:7

파커와 나는 둘만의 약속을 하였다. 운동, 공부, 경건생활 등 여러 분야에 대해 둘이 행할 수 있는 목표점을 설정하고 함께 체크해 나갔다. 약속한 여러 가지 일들을 해 나가는 동안 우리는 우리 가족의 가훈을 결정했다. 그것은 '감사, 겸손, 아량, 용기'이다. 그 네 가지 가치들은 나침반의 네 방위와도 같이 우리 가족이 방향을 잃지 않도록 지켜 주고 있다. 나는 당신 가정도 그렇게 하기를 강력하게 권장한다.

그 가훈을 비롯하여 몇 년 동안 모은 여러 자료를 가지고 우리는 우리 가족의 반복기도 목록을 만들었다. 반복기도란 생각날 때마다 여러 번 반복해서 기도하는 것을 말한다. 그리고 우리의 반복기도 목록에 우리 자녀가 시금석으로 사용하였으면 하는 경구驚句들을 포함시켰다. 그 경구를 여러번 자주 반복하여 말하고 기도하도록 하면, 자녀들의 사고방식과 삶의 방식 속에 녹아들어 갈 것이다.

우리가 가장 많이 인용한 경구는 '당신이 어디에 집중하느냐가 당신의 존재를 결정한다' Your focus determines your reality이다. 그것은 '스타워즈 에피소드 1: 보이지 않는 위험' Star Wars: Episode I -The Phantom Menace에서 콰이곤 진이 아나킨 스카이워커에게 한 말이다. 우리는 아이들이 의기소침해 있을 때마다 그 말을 해 주었다. 이는 빌립보서 4장 8절에서 말하는 것처럼 참된 것과 경건한 것, 옳은 것, 정결한 것에 다시 초점을 맞추도록 상기시켜 주었다. 우리는 세상을 있는 그대로 보는 것이 아니라 우리의 사람됨을 가지고 세상을 본다. 만일 당신이 나쁜 눈을 가지고 있다면 보는 것마다 잘못된 것만 끄집어낼 것이다. 그러나 당신이 좋은 눈을 가지고 있다면, 언제나 감사할 것을 찾아내고 하나님을 찬양할 이유가 되는 것을 찾아낼 것이다.

또 다른 경구는 '미끄럼틀을 기억하라' Remember the slide이다. 나는 우리 아이들이 새로운 것을 시도하기 두려워할 때마다 이 말을 해 주었다. 요시야가 무척 무서워했던 콕스 팜Cox Farms: 버지니아에 있는 놀이공원-역자 주의 30m 높이의 큰 미끄럼틀에서 아이디어를 얻은 것이다. 나는 결국 요시야로 하여금 그 미끄럼틀을 타게 했다. 그것은 내가 부모로서 가장 잘한 일이었다! 나와 함께 타자고 요시야를 꼬셨다. 그는 꼭대기에서 완전히 공포에 질렸지만, 바닥까지 내려오는 동안에는 완전히 신이 났다. 그 순간 나는 요시야에게 매우 중요한 교훈을 했다. 우리가 두려움과 맞서지 않는다면, 엄청난 즐거움을 맛볼 수 없을 것이라고 말이다. 그후부터 요시야가 두려움에 처할 때마다 나는 마치 최면을 걸듯이 '미끄럼틀을 기억하라'고 말하곤 했다.

> 우리가 두려움과 맞서지 않는다면, 엄청난 즐거움을 맛볼 수 없을 것이라고 했다.

내가 좋아하는 또 다른 경구는 '지나간 것은 지나가게 내버려두라'이다. 미국의 유머 작가 잭 핸디 Jack Handey는 이렇게 말했다.

"만일 당신이 끓는 용암에 열쇠를 떨어뜨렸다면, 빨리 포기해라. 그것은 이미 끝난 것이다."

나는 아이들에게 이 경구 전체를 다 말할 필요조차 없다. 내가 "열쇠를 용암에……"라고만 말해도, 아이들은 포기할 것은 빨리 포기해야 함을 알아차린다. 그리고 그 어떤 일이든지 하나님께 맡겨야 함을 의미한다는 것을 안다. 용서하고 잊어버려야 함을 깨닫게 된다.

반복기도

우리는 잊어버려야 하는 것은 기억하고, 꼭 기억해야 하는 것은 잊어버리는 경향이 있다. 그래서 반복기도가 필요하다. 그것은 우리가 누구이며 어떻게 살아야 하는지를 상기시켜 준다. 어떤 경구도 기도에 관한 경구만큼 중요한 것은 없다. 나는 몇 개의 반복기도 목록을 가지고 있다.

나는 설교를 시작하기 전에는 보통 이렇게 기도한다.

"주님, 저를 도와주시고 청중들을 도와주세요."

그것은 하나님께서 나를 통해 말씀하시도록 부탁하는 나만의 방법이다.

능력 있는 반복기도들은 성경에서 가져온 것들인데, 가장 좋은 예는 주기도문이다. 물론 예수님은 그것을 아무런 의미도 없이 암송되는 경구로 사용하도록 주신 것이 결코 아니다. 당신이 마음 중심으로 그 기도를 한다면, 주기도문이야말로 가장 능력 있는 기도가 될 것이다. 예수님 자신이 하신 말씀 그대로 기도하는 것이기 때문이다. 하나님의 말씀을 가지고 기도할 때는 그것이 하나님의 뜻이라는 것을 알기 때문에 확신을 가지고 기도할 수 있다. 성경을 읽어 내려갈 때, 어떤 단어나 구절이 성경책에서 튀어나와 당신의 영 안으로 들어오는 것을 느끼는 순간이 있을 것이다. 당신이 반복해서 원을 그린 구절들은 당신의 반복기도가 되어 당신의 영 안으로 들어오게 될 것이다.

> 당신이 마음 중심으로 그 기도를 한다면, 주기도문이야 말로 가장 능력 있는 기도가 될 것이다.

하나님이 영감을 주신 기도가 단 한 가지뿐이라고 하여도 아이들의 일생에 반복된다면 놀라운 일이 일어나게 된다. 우리 가족을 위한 가장 의미 있는 반복기도는 누가복음 2장 52절이다.

"너는 지혜와 키가 자라가며 하나님과 사람에게 더욱 사랑스러워 갈 것이다."

얼마 전 요시야가 학교 수업이 끝나고 집에 왔는데 무척 흥분해 있었다.

"아빠, 아빠가 나를 위하여 매일 기도해 준 성경말씀 있잖아요? 오늘 학교에서 그 말씀을 읽었어요."

요시야는 만나는 사람마다 붙잡고 그 말을 했다. 그날은 나에게 있어서 최고의 날이었다. 우리가 수천 번도 더 기도의 원을 그렸던 그 약속의 말씀이 내 아들 요시야의 마음속에 단단히 박혔다는 것을 확인할 수 있었기 때문이다. 요시야는 그 말씀을 소유했고, 그 말씀도 또한 그를 가졌다!

나는 우리 아이들이 교실에 있거나 운동장에 있거나, 다른 어떤 곳에 있더라도 하나님의 사랑이 언제나 그들과 함께 하기를 기도한다. 또한 우리 아이들이 대학교에 입학원서를 낼 때나 직업을 구할 때도, 하나님의 사랑이 그들 위에 있기를 기도한다. 나는 하나님께서 그들의 우뇌에 기름을 부으시고 그분의 지혜를 주시도록 기도한다. 그리고 하나님이 그들에게 기회의 문을 열어 주시도록 기도한다. 나는 그렇게 여러 가지 다른 기도의 제목을 가지고도 기도하지만, 그보다 똑같은 기도제목을 가지고 반복하여 기도하는 것을 더 중요하게 여긴다. 자녀들의 영혼에 그 기도가 새겨질 때까지 반복해서 기도한다.

반복기도 목록을 어떻게 만들 것인가? 아주 간단하다.

먼저, 당신의 아이들을 위해 무엇을 기도해야 할지, 하나님께 물으라.

이것이 우리가 자녀들을 위해 기도를 시작할 때 제일 먼저 해야 하는 일이다. 기도는 하나님께 우리의 과제를 제시하는 것이 결코 아니다. 기도란 하나님의 임재 안으로 들어감으로써 하나님의 과제에 우리 자신을 맞추는 것이다. 하나님께 기도하면, 하나님은 자녀들을 위하여 무엇을 기도해야 할지 알려 주실 것이다. 핵심은 우리 아이들을 위한 하나님의 마음을 분별하는 것이다.

반복기도 목록은 외우기 쉽도록 만들라. 그렇다고 해서 그것이 시처럼 운율이 맞아야 한다는 말은 아니다. 외우기 쉽고 간단 명료한 언어로 작성해야 오래 기억할 수 있으며, 쉽게 반복적으로 기도할 수 있다.

> 기도란 하나님의 임재 안으로 들어감으로써 하나님의 과제에 우리 자신을 맞추는 것이다.

둘째, 당신의 아이들에게 물어라.

아이들이 몇 살이든 어느 단계에 있든, 그들은 자신들의 생각과 감정을 금고 안의 금덩이라도 되는 것처럼 굳게 지키려고 할 것이다.

자녀들에게 그들의 필요나 그들의 감정, 또한 그들의 상황에 대해서 물음으로써 그 자물쇠를 열 수 있다. 예수님은 핵심을 찌르는 질문을 하시는 분이었다. 복음서에는 183개의 질문이 기록되어 있다. 때에 적합한 하나의 질문을 가지고, 예수님은 상황을 정의하셨고 갈등을 해결하셨으며, 동기를 드러내셨다.

우리 부모들은 아이들과 갈등이 생기면 설교를 하는 경향이 있다. 그것은 아이들의 입을 더 다물게 할 수 있다. 아이들이 어리다면, 그날 가장 좋았던 일과 가장 힘들었던 일이 무엇인지를 물을 수 있을 것이다. 그리고 아이들이 좀 더 크

> 우리가 육신의 눈을 감고 기도하면, 하나님이 우리의 영적인 눈을 열어 주실 것이다.

면, 어떤 문제에 관하여 그들의 의견을 물어야 한다. 십대들의 논리에 매번 동의하지 않을 수도 있겠지만, 그들에게 질문하는 것은 당신이 그들의 생각을 존중하고 있으며 서로 의사소통하기를 바란다는 것을 보여 줄 것이다. 또한 질문에 대한 그들의 대답을 통해 당신은 그들을 위한 반복기도 목록을 만들 수 있을 것이다.

셋째, 성경으로 돌아가라. 성경을 그냥 읽기만 하지 마라. 그동안 당신이 성경을 읽기만 했다면, 당신은 사실 성경을 잘못 읽은 것이다. 성경은 읽히기 위한 것이 아니라 기도에 사용되기 위한 것이다. 읽는 것은 당신이 성경 안으로 들어가는 것이고, 기도하는 것은 성경이 당신 안으로 들어오게 하는 것이다. 성경을 읽으면서 성령께서 당신에게 말씀해 주시라고 기도하라. 성경의 저자들을 감동하셨던 바로 그 성령께서, 성경을 읽는 사람들에게 그 뜻을 조명해 주시기를 원하신다.

내 경험에 의하면, 성령께서 성경의 한 구절이나 단어들 중의 하나가 당신의 마음에 와 닿도록 하실 것이다. 그 말씀에 생기를 주셔서, 당신 안으로 들어오게 하실 것이다. 그 말씀들이 책에서 튀어나와 당신의 영혼 속으로 뛰어들 것이다. 그때 당신은 읽는 것을 멈추고, 그 말씀을 붙들고 기도해야 한다.

기도는 예언이다

사무엘이 이스라엘의 왕이 될 사람을 찾으러 나섰을 때, 다윗의 아버지 이새는 들에 있는 다윗을 불러올 생각도 하지 않았다. 아버지마저도 다윗이 어떤 사람이 될 것인지를 보지 못했던 것이다. 이새가 다윗을 보았을 때, 그는 한 사람의 목동을 보았을 뿐이다. 그러나 선지자 사무엘이 다윗을 보았을 때, 그는 한 사람의 왕을 보았다_{삼상 16:1-13}.

너무 가까운 곳에 함께 있어서, 우리는 서로의 아름다움과 신비함을 보지 못하는 경우가 많다. 우리의 자녀들에 대해서는 어떠한가? 우리가 자녀들과 너무 가까이 있음으로 해서 자녀들의 아름다움과 신비함을 보지 못하고 있지는 않은가? 우리는 우리 아이들의 미래를 보고, 우리 아이들을 향한 비전을 가질 필요가 필요가 있다.

육신의 눈으로는 자녀들의 현재의 모습을 볼 것이다. 그러나 영의 눈으로는 우리 아이들의 미래 모습을 보아야 한다. 우리가 육신의 눈을 감고 기도하면, 하나님이 우리의 영적인 눈을 열어 주실 것이다. 그때, 우리는 오감으로 인식하는 실재보다 더욱 실제적인 것을 인식할 수 있게 된다.

《써클 메이커》를 읽은 독자 중 한 명은 그의 두 딸이 잠언

31장의 여인이 되기를 위하여 기도한다고 나에게 편지를 보냈다. 그가 그 기도를 처음 시작했을 때, 그의 첫째 딸이 그 의미가 무엇이냐고 물었다. 그는 딸에게 직접 그 성경을 읽고 연구를 하고 기도해 보라고 말했다. 그녀는 그렇게 하는 동안 하나님이 자신을 위하여 정해 놓으신 길을 발견할 것이다. 성경말씀은 자신이 그리스도 안에서 진정 누구인가를 볼 수 있게 하는 거울이다. 그리고 잠언 31장은 하나님의 여인이 된다는 것이 무엇인지를 잘 말해 주는 아름다운 영상이다.

그래서 이 아버지는 매일 밤 그의 두 딸이 잠언 31장의 여인이 되기를 위하여 기도했다. 어느 날 밤에는 그가 기도하는 것을 잊었다고 한다. 그러니까 둘째 딸이 말했다.

"아빠, 우리가 잠언 31장의 여인이 되도록 기도하시는 것을 까먹으셨네요!"

반복기도가 영향을 미치고 있다는 것을 발견하는 순간이었다!

나는 또 다른 이메일을 받았는데, 그의 아들은 선천적으로 명랑하지 못하고 말을 정말 안 들어서 그것 때문에 그는 기도할 수밖에 없었다고 한다. 아들이 명랑하고 쾌활한 아이가 되게 해 달라고 수년간 기도해 왔는데, 아들의 성격이 근본적으로 바뀌는 것을 보았다고 한다. 그 기도들은 예언이었다! 그

기도가 그 아들 안에 새로운 성품과
능력을 만들었다고 나는 믿는다.

그 기도들은 예언이었다!

서머를 위한 나의 반복기도 중의 하나는, 미래의 남편이 서머보다 하나님을 더 사랑하는 사람을 만나게 해 달라는 것이다. 서머의 남편이 서머의 손을 찾는 것보다 하나님의 얼굴을 더 찾는다면, 그들의 미래는 염려할 필요가 없을 것이다. 나는 서머의 손을 잡고 결혼식장에 들어가는 날까지 이 기도를 계속할 것이다. 그리고 서머가 결혼할 사람을 나에게 데려오면 나는 이렇게 물어볼 것이다.

"자네는 내 딸보다 하나님을 더 사랑하는가?"

그가 "예"라고 대답하면, 나는 그 사람을 서머의 남편으로 흔쾌히 받아들일 것이다.

미래의 배우자를 위하여 기도하기

일생을 통해 아주 큰 결정을 내려야 할 때가 그리 많지는 않다. 우리는 대부분의 시간을 우리가 내린 그 큰 결정에 대해 책임을 지거나 관리하느라 보내고 있다. 우리 인생의 가장 큰 결정은 그리스도를 만나서 그분을 믿기로 선택하는 것이고, 그 다음으로 큰 결정은 어떤 배우자를 선택하냐 하는 것이다. 그러니까 예수를 선택하는 것 다음으로 중요한 선택은 배우자를 선택하는 것이다. 그러기에 미래에 만날 배우자를 위해 기도하는 것은 매우 의미 있는 일이다. 아직 누구인지도 모르는 사람을 위하여 기도한다는 것은 어려운 일이지만, 미래의 배우자를 위하여 기도하는 것은 엄청난 보상을 받게 된다. 시편 102편 18절은 이렇게 말한다.

> "이 일이 장래 세대를 위하여 기록되리니 창조함을 받을 백성이 여호와를 찬양하리로다" 시 102:18

우리 장모님과 장인어른께서도 내가 로라를 만나기 오래 전부터 나를 위하여 기도하셨다고 한다. 내가 아주 어렸을 때부터 말이다. 누구인지도 모르는 나를 위해 미래의 배우자의 부모가 기도하고 있었다는 사실이 감격스럽지 않은가? 나는 이 사실 하나만으로도 그분들을 존경할 수밖에 없고, 죽을 때까지 감사할 것이다. 그리고 나도 그분들이 하셨던 것처럼, 그렇게 우리 자녀의 미래의 배우자들을 위해서 기도하려고 한다.

나는 우리 딸과 아들의 결혼식 날 그들의 배우자에게 내가 그들을 위해 오랫동안 기도해 왔다는 것을 말할 것이다! 그들 자신이 내 기도의 응답이라는 것을 그들이 알게 되는 것은 얼마나 아름다운 일인가!

> 미래의 배우자를 위하여 기도하는 것은 엄청난 보상을 받게 된다.

내 친구 웨인은 아내가 임신 중일 때부터 태중에 있는 아이의 배우자를 위하여 기도하기 시작했다. 매일 저녁 아내의 배에 손을 얹고 기도하던 중 자녀의 미래 배우자를 위하여 기도하는 것은 빠를수록 좋다는 것을 책에서 읽고, 그 기도제목을 기도목록에 추가했다. 아직 태중에 있는 아기가 아들인지 딸인지도 모르는 단계에서 그의 배우자를 위하여 기도한다는 것이 처음에는 무척 어색했다. 사실 그들은 그 아기의 미래 배우자가 이 세상에 태어났는지조차도 알 수 없었다! 그러나 그들은 태어날 아기와 그 배우자를 위해서 기도했다.

사실 그때까지 그들은 자신의 아이가 아들인지 딸인지도 모르는 상태였다. 그리고 아기의 이름을 알려 주시라고 기도했다. 1983년 10월, 주님은 그들에게 '제시카'라는 여자 이름을 주셨다. 그리고 12월에 주님은 그들에게 '티머시'라는 남자 이름을 주셨다. 그들은 쌍둥이를 가진 것이 아니었기 때문에 왜 하나님이 두 개의 이름을 주셨는지 알 수 없었지만, 그들은 다이앤이 출산하는 날까지 제시카와 티머시라는 이름에 기도의

> 우리의 자녀들은 시간이 찍힌 편지들로서 다음 세대에 전해질 것이다.

원을 그리고 기도를 계속했다.

1984년 5월 5일, 하나님은 그들의 기도에 응답하셔서 다이앤은 아들을 낳았고, 그들은 그에게 티머시라는 이름을 주었다. 웨인과 다이앤은 기도로 그의 아들에게 기도의 원 그리기를 계속했고, 또한 그가 언젠가 결혼하게 될 여자를 위해 계속 기도를 했다. 22년과 2주 동안의 기도가 쌓여 2006년 5월 19일에 그 기도는 절정에 달했다. 그날은 티머시의 신부가 결혼식장에 입장한 날이다. 그녀의 이름은 무엇이었을까? 물론 '제시카'였다. 그 이야기의 나머지는 이렇다.

그들의 미래 며느리는 1983년 10월 19일에 태어났는데, 하나님이 그들에게 '제시카'라는 이름을 주셨던 바로 그달이었다. 수천 킬로미터나 떨어진 곳에서 웨인과 다이앤은 그녀의 이름을 가지고 기도했다. 그들은 제시카가 그들의 며느리가 아니라 딸이 될 줄 알았지만, 하나님은 언제나 그의 주권적 소매 안에 깜짝 놀랄 일을 감추어 두신다. 당신이 혹시 궁금해할까 봐 말하는데, 티머시는 이름이 제시카가 아닌 여자와 데이트도 많이 했었다. 웨인과 다이앤은 티머시가 제시카와 약혼할 때까지 하나님이 그들에게 그의 미래 배우자의 이름을 주셨다는 사실을 티머시에게 알려 주지 않았다.

그리스도의 편지

고린도후서 3장 3절은 이렇게 말한다.

> "너희는 우리로 말미암아 나타난 그리스도의 편지라"
> 고후 3:3

이 말씀이 참으로 심오하지 않은가? 당신이 어떤 사람들이 읽을 수 있는 유일한 성경일 수 있다는 것이다. 그렇다면 이런 질문을 할 수 있다. 당신은 좋은 번역의 역할을 하고 있는가? 우리 구원의 작가께서는 우리와 우리 자녀들의 삶을 통해서 자신의 이야기를 하기 원하신다. 그리고 우리는 각자 자신의 독특한 성격과 열정, 직업을 통해서 그분의 이야기를 번역하고 있는 것이다. 우리의 자녀들은 시간이 찍힌 편지들로서 다음 세대에 전해질 것이다.

여기서 반복기도 제목을 만드는 한 가지 열쇠를 발견할 수 있다. 우리 아이들만의 고유한 이야기를 알아내는 것이다. 그것이 우리 아이들을 위해 반복해서 기도해야 할 목록이 될 것이다.

그리고 우리의 가야 할 길은 역사를 들여다보면 알 수 있다.

역사 속에 우리의 가야 할 길이 감춰져 있기 때문이다. 만일 당신이 역사를 자세히 들여다본다면, 단서가 되는 실마리들을 발견할 수 있을 것이다. 우리의 아이들은 자신들의 현재 관심사가 미래에 어떤 결과를 가져올지에 대해 혜안을 가지고 있지 않다. 부모들이 그 그들이 가야 할 길을 제시하는 역할을 해야 한다.

영국의 극작가 그레이엄 그린Graham Greene은 이렇게 말했다. 이는 매우 통찰력 있는 말이다.

"우리의 어린 시절 어떤 한 시점에서 우리는 문이 열리고 미래가 들어오는 것을 경험하게 된다."

나는 그 문이 고등학교 2학년 스피치 시간에 열렸다. 그때 나는 기말 과제로 '구원'에 관한 설교를 하였다. 나는 내가 한 스피치 내용 때문에 그 누군가가 구원받았을 거라고 생각하지는 않는다. 다만 그 스피치는 내 인생에서 기폭제 같은 사건이 되었다. 그때 나는 몰랐지만, 어머니가 내 스피치의 사본을 할머니께 드렸고, 할머니는 다시 그것을 그녀의 성경 공부 선생님께 드렸다고 한다. 그 선생님은 할머니에게 물었다.

"마크가 목사가 될 생각을 하고 있나요?"

나는 그 질문이 할머니로부터 어머니를 통해 나에게 전달되기 전까지는 그런 생각을 해본 적이 없었다. 어머니와 할머니는 내 안에서 내가 보지 못했던 어떤 것을 보셨다. 단지 내 안에서 그것을 보기만 한 것이 아니었다. 그들은 나로부터 그것을 끄집어내었다. 이것이 바로 예언자가 하는 일이며, 부모가 해야 할 일이다.

> 자녀들이 중요한 전환점에 서 있을 때, 부모들은 특히 기도로 준비된 말과 지혜의 행동이 필요하다.

이런 역할은 자녀들의 삶에 중요한 전환점을 만들기도 한다. 그러므로 자녀들이 중요한 전환점에 서 있을 때, 부모들은 특히 기도로 준비된 말과 지혜의 행동이 필요하다.

자녀가 중학생이 되기 전에 자녀와 함께 할 훈련 약정서를 작성하는 것도 좋은 일이고, 인생의 교훈을 종이에 적어 값이 나가는 선물과 함께 아이들의 졸업 선물로 주는 것도 좋을 것이다. 또는 장성하여 대학에 들어갈 때 그들 안에 보다 확실한 믿음을 심어 주고 싶기도 할 것이다.

그런데 가장 중요한 것은 그런 전환점에 선 자녀들에게 기도의 원을 그리는 일이다. 당신이 당신의 자녀들에게 기도의 원을 그릴 때, 성령께서 당신을 도울 것이다.

자녀들이 가야 할 길을 발견하는 것

예언자와 역사가로서 부모의 역할은 자녀들이 그들 인생의 청사진을 그릴 수 있도록 돕는 것이다. 그 인생의 청사진은 영적 상태의 표현이며, 그들의 정체성이자 그리스도 안에서 그들이 가야 할 길이다.

나는 종종 파커의 선천적으로 모험심이 많은 점이나 서머의 정리정돈 능력, 요시야의 성령님께 민감한 마음에 주목한다. 그들 안에 내재되어 있는 그들만의 독특한 달란트를 잘 살려 주어야 한다. 그저 자녀들이 잘못하는 것을 지적하는 부모가 되어서는 안 된다. 잘못된 곳에서 그들을 이끌어내어 제대로 하도록 해야 한다. 또한 우리는 그들의 관점에서 사물과 사람을 바라보는 것을 즐거워해야 한다. 그것이 우리가 자녀들을 하나님이 주신 재능과 열정을 발견하도록 돕는 방법이다.

대학원 다닐 때, 교수님 한 분이 이렇게 말씀하신 것이 기억난다.

"무엇이 당신을 울게 하거나 책상을 주먹으로 내리치게 하는가?"

다시 말해서, "무엇이 당신을 슬프게 하거나 화나게 하는가? 그것이야말로 당신이 추구해야 할 하나님이 주신 열정이다."

나는 거기다 '기쁨'을 추가하고 싶다. 미국의 작가이며 신학자인 프레데릭 부흐너의 말이다.

> 우리가 직업을 결정할 때 가장 귀담아들어야 할 목소리는 "그 일을 할 때에 얼마나 기쁜가?"이다. 이는 가장 지나치기 쉬운 목소리이기도 하다. 우리를 가장 기쁘게 하는 것은 무엇인가? 어떤 일을 할 때, 희망에 찬 기쁨으로 가슴이 벅차 오르는가? 그러한 일이야말로, 가장 좋은 것이고 그 사람이 취해야 할 최선의 것이라고 나는 믿는다.

무엇이 당신의 자녀들이 해야 할 일인가? 무엇이 그들을 웃게 하는가? 무엇이 그들을 울게 하는가? 무엇이 그들을 화나게 하고 즐겁게 하는가? 그들이 자신들이 가야 할 길을 발견하도록 돕기 원한다면, 우리는 그들의 눈물자국과 웃음의 메아리를 따라가 보아야 한다.

하나님이 당신의 자녀들의 삶의 주제를 드러내실 때, 당신은 거기에 그들이 평생 붙들고 갈 성경 구절을 묶어 주고 싶을 것이다. 그러나 나는 당신이 이것을 너무 쉽게 생각하지 않기를 바란다. 때로 우리는 한두 구절의 말씀을 너무 강조

한 나머지 성경의 수많은 다른 구절들을 배제하는 경향이 있다. 하나님께서는 각기 다른 상황에서 각기 다른 말씀으로 그들을 격려하시고 세우시기를 원하실 것이기 때문이다.

자녀의 삶에 한두 구절을 너무 강조함으로써 다른 구절을 배제해서는 안된다.

요시야를 위해 내가 붙드는 말씀은, '강하고 담대할 것' 수 1:9 과 '여호와 보시기에 정직하게 행하는 것' 왕상 15:5 이다.

기도는 예언이다. 그리고 우리가 평생 그 성경 구절들에 기도의 원을 그리기를 계속한다면, 그 말씀들은 결국 그들 안에서 역사하게 될 것이다. 그들의 것이 될 것이다.

Chapter 07

네 번째 원:
보호의 울타리 치기

"우리가 알거니와 하나님을 사랑하는 자
곧 그의 뜻대로 부르심을 입은 자들에게는
모든 것이 합력하여 선을 이루느니라" 롬 8:28

아이들의 키가 내 허리 높이쯤 되었을 때, 우리는 메릴랜드에 있는 친구의 오두막으로 휴가를 떠났다. 그 오두막은 나무들이 빽빽한 숲 속에 자리 잡고 있어서 갑자기 빅풋과 마주친다고 해도 놀랄 일이 아닐 것 같은 그런 곳이었다. 우리가 빅풋과 마주칠 일은 없겠지만, 음식물을 남겨 놓으면 배고픈 불곰이 어느 때라도 나타날 수 있다는 경고를 들었다. 그날 밤늦게 나는 파커와 서머를 데리고 야외에 설치된 온수 욕조에 들어가기로 했다. 그날은 눈이 와서 몹시 추웠기 때문에 욕조에서 김이 모락모락 솟아오르고 있었다. 나무들이 달빛을 가로막고 있어서 주변은 칠흑같이 어두웠다. 숲의 소리만이 사르륵사르륵 들릴 뿐이었다. 우리는 온통 신경을 곤두세우고 있었고, 아이들은 완전히 겁을 먹고 있었다. 그리고 사실, 나도 마찬가지였다.

우리가 40도의 물속에 몸을 담그고 있는 동안, 나의 보호 본능은 그보다 더 끓어오르고 있었다. 나는 좀 과장되고 격앙된 목소리로 아이들에게 아버지로서 선언했다.

"만약 저 숲에서 불곰이 나와 우리를 공격한다면, 이 아버지가 너희를 위하여 죽기로 싸워 줄게."

아이들은 그때 여섯 살과 여덟 살이었다. 나의 이 선언은 아이들을 안심시키기는커녕 오히려 두렵게 만들었다. 파커와 서머는 욕조에서 뛰쳐나가 소리를 지르며 집으로 달려 들어갔다. 그들이 그 일로 인해 지금까지 무서워하거나 상처를 입지 않은 것이 기적일 정도였다!

내가 그 당시 선포를 좀 다르게 했어야 했는지 모르겠지만, 그때 나는 진심이었다. 어떤 상황에서도 나는, 한순간의 지체 없이 우리 아이들을 위하여 기꺼이 죽을 것이다! 그리고 나는 그것이 우리 하늘 아버지의 형상을 반영하는 건강하고 거룩한 본능이라고 믿는다.

당신은 하나님의 눈동자이다. 누구든지 당신을 방해하는 자는 하나님의 눈동자를 가리는 것이 된다. 그의 보호 본능이 가장 사무치게 드러난 것이 십자가이다. 십자가는 자기 아들과 딸을 고발하는 자에 맞서 변호인이 서 계시는 곳이다. 그것은 죄 없으신 하나님의 아들이 타락한 죄인들을 위하여 죄를 짊어지신 곳이다.

> 전적으로 우리는 하나님이 하시도록 길을 비켜 드려야 한다.

간음하다 현장에서 붙잡힌 여인의 이야기를 기억하는가? 그 이야기는 내가 좋아하는 이야기 중 하나인데, 예수님의 보호 본능이 완전하게 드러나 있기 때문이다. 예수께서는 이 여인이 마치 자신의 딸이나 누이라도 되는 것처럼 보호하셨다. 그는 이 여인을 돌로 쳐 죽이려는 사람들 사이에 서셨다. 그 자신이 보호 울타리가 되어 행동하셨다. "너희 중에 죄 없는 자가 먼저 돌로 치라"요 8:7고 하셨을 때, 그 뜻은 "그녀에게 돌을 던지려면 먼저 나를 죽여야 할 것이다"라는 의미였다!

부모로서 나는 우리 가족을 위한 공급자와 보호자로 부르심을 받았다. 그리고 우리 아이들 주위에 보호의 울타리를 위한 기도를 드릴 때 나는 그것을 온전히 믿는다. 그러나 우리가 부모로서 우리 자녀들을 과도하게 보호만 하려 해서는 안된다는 사실을 기억하라. 그것은 오히려 역효과를 일으킬 수 있다. 때때로, 아니 전적으로 우리는 하나님이 하시도록 길을 비켜 드려야 한다.

개입 안 하기

혹시 당신은 당신 자녀들 주위를 맴도는 '헬리콥터 부모' helicopter parent는 아닌가? 그렇다면 당신이 배우기 가장 어려운 교훈은 아마도, 아이들이 넘어져 보아야 하고 무릎이 벗겨져 보아야 한다는 사실일 것이다. 아이들은 넘어져 보아야 하고, 무릎이 벗겨져 보아야 한다. 그래야 다시 일어서는 것과 스스로 흙을 털어내는 것을 배우게 되기 때문이다. 만일 당신이 늘 아이들의 일에 개입한다면, 그것은 애벌레가 고치에서 너무 쉽게 그리고 너무 빨리 탈출하도록 도와줌으로써 결국 날개를 쓸 수 없게 만드는 것과 같다. 아이들을 도와주려는 당신의 사랑이 실제로는 그들을 방해하는 것이 될 수도 있다. 때때로 엄격한 사랑은 그들이 잡혀가거나 벌금을 내거나 심지어는 구치소에서 하룻밤을 보내도록 내버려두는 것을 의미하기도 한다. 만일 그들이 경제적인 어려움에 부닥칠 때마다 당신이 도움을 준다면, 그들은 돈 귀한 줄을 알지 못하고 돈을 제대로 사용하는 방법 또한 알지 못할 것이다.

나는 자녀들에게 한없는 사랑을 보여 주어서는 안된다고 말하는 것이 아니다. 당신 자녀들의 행동의 결과에 늘 개입하는 것이 좋지 않다고 말하고 있는 것이다. 자신의 행동의 결과에 대해 스스로 책임을 질 수 있는 여분을 주어야 한다고 말하는 것이다. 당신이 자녀들의 행동의 결과에 늘 개입한다면, 당신은 그들의 판단력이 충분히 계발되어야 할 분량을 잘라 버리는 것이 될 것이다.

> 당신 자녀 곁에 당신이 있는 것이 유익한가, 하나님이 그들 곁에 계시는 것이 더 유익한가?

나는 부모들이 자녀들의 문제에서 손을 떼고 뒤로 물러나는 것이 얼마나 어려운 일인지 잘 알고 있다. 그러나 우리 자녀들은 문제의 결과에 대한 책임을 스스로 지는 과정을 통해서 하나님의 손을 잡는 방법을 배운다는 것을 기억하라. 당신 자녀 곁에 당신이 있는 것이 유익한가, 하나님이 그들 곁에 계시는 것이 더 유익한가?

서머는 최근에 잠비아에 단기선교를 갔는데, 경비가 300만 원이나 들었다. 그 아이는 230만 원까지 모금했는데, 더는 모금할 수 없었다. 인적 자원이 바닥이 나 버렸기 때문이다. 선교를 떠나기 이틀 전, 나는 내 사회적 인맥을 동원해서 그 아이에게 '익명의 선물'을 하게 함으로써 그녀를 구출할까 하는 유혹을 심하게 느꼈다. 그러나 나는 다시 생각해 보았다. 만일 내가 개입한다면, 그것은 하나님이 '여호와 이레'이신 자신의 속성을 드러내실 기회를 내가 훔치는 것이 될 것이었다. 단기선교를 떠나기 하루 전, 서머는 은행에 가서 여름방학 동안 벌었던 돈을 한 푼도 남기지 않고 찾아서 여행 경비의 모자라는 부분을 채워 보려고 했다. 그런데 깜짝 놀랄 일이 벌어졌다. 다른 몇 명의 기부자들이 단기선교에 필요한 나머지 자금을 채워 놓았던 것이다! 만일 내가 개입했더라면, 나는 하나님의 기적적인 공급을 방해하는 것이 되었을 것이다.

우리는 모든 것을 통제하려고 안달하는 괴짜들이고 하나님은 그것을 치유하시려고 우리에게 자녀를 보내 주셨다는 것을 더욱 느끼게 된다. 만일 당신에게 통제하려는 욕망이 크다면, 당신에게 더 많은 자녀가 필요할 것이다! 아이들이 어릴 때는 어느 정도 당신의 통제 가운데로 들어온다. 그러나 아이들이 운전면허를 딸 나이가 되면 당신의 통제를 전혀 받지 않게 될 것이다. 십대를 통제한다는 것은 보통 일이 아니기 때문이다.

이중 구속

나는 하나님께서 어떤 일이 일어나지 않게 하실 수 있다고 믿는다. 그래서 나는 하나님의 은혜를 구하는데, 특별히 파커가 운전면허를 땄을 때 그랬다. 그리고 서머가 잠비아에 단기선교를 갔을 때, 나는 계속해서 그 아이의 주변에 있어야 할 보호의 울타리를 위하여 기도했다! 그것은 부모로서 내가 할 수 있는 특권이자 의무였다.

> 필요하다면 하나님께서 그들을 위험에 처하게도 하시도록 기도할 수 있어야 한다!

우리는 흔히 기도를 방어적으로만 하는 실수를 범한다. 하나님께 우리 아이들을 보호해 주시도록 기도하는 것이 잘못된 것은 아니다. 그러나 우리는 필요하다면 하나님께서 그들을 위험에 처하게도 하시도록 기도할 수 있어야 한다! 보호의 울타리만을 위하여 기도하지 마라. 그들이 예수님의 빛과 사랑을 가지고 원수의 영토를 용감하게 공격할 수 있는 용기 있는 자가 되기를 기도하라.

심리학에 '이중 구속'이라고 하는 개념이 있다. 내가 당신에게 자발적이 되라고 말한다면, 엄밀하게 말해서 당신은 자발적이 될 수 없다. 그렇게 하라고 내가 지시했기 때문이다! 나는 우리가 죄에 대해서도 이중 구속의 일을 하고 있다고 생각한다. 만일 당신이 누군가에게 그저 "죄 짓지 말라"고 말한다면, 당신은 그 사람을 영적인 이중 구속 안에 넣는 것이다. 무슨 말인가 하면, 죄를 짓지 않는 것으로 죄를 짓는 것

> 하나님이 아파하는 것을 함께 아파하게 되기를 위하여 기도하라.

을 멈출 수는 없다는 것이다. 보다 적극적인 방법으로, 죄를 짓지 않기 위해서는 하나님께 가까이 다가가야 한다. 이해하는가? 죄에서 벗어나는 것과 하나님을 찾는 것은 동전의 양면이다.

죄의 치료는 죄를 짓지 않는 것이 아니다. 죄의 치료는 당신의 죄악된 욕망보다 더 크고 더 좋은 하나님을 경험하는 것이다. 그분을 소유하는 것이다.

이런 관점에서 보자. 당신의 자녀들이 이성 친구 때문에 마음 아파하지 않기만 기도하지 말고, 하나님이 아파하는 것을 함께 아파하게 되기를 위하여 기도하라. 그분의 마음이 있는 곳에 당신 자녀들이 마음이 있게 되기를 기도하라. 그것을 성취하는 가장 빠른 방법은 자녀들을 단기선교에 보내는 것이다. 그것은 하나님의 마음을 읽도록 할 것이다. 그리고 만일 하나님이 그들의 마음을 사로잡으시면, 그들의 마음은 '하나님의 선하시고 기뻐하시고 온전하신 뜻' 롬 12:2이 아닌 것에 대하여 아파하게 될 것이다.

피를 바르라

마귀는 우리가 어디를 맞으면 가장 아파하는지를 잘 안다. 바로 우리 자녀들이다. 명심하라. 자녀들의 등에는 마귀가 공격하기 좋은 표적이 달려 있다. 그리고 우리의 원수 마귀는 반칙 따위에 신경쓰지 않는다. 만일 그가 당신을 넘어뜨리는 데 실패한다면 그는 당신의 아이들을 쫓아갈 것이다. 그렇다고 우리가 두려움 속에 살아야 한다는 것은 아니다. 그 원수는 이미 패배하였다. 당신이 할 최소한의 일은 그 원수의 음모를 알아차리는 것이다.

유월절에 이스라엘 자손들을 보호했던 문설주의 피처럼 예수님의 피는 우리의 보호막이 된다. 원수는 당신의 삶에 대한 관할권을 가지고 있지 않다. 당신은 마귀에 저항할 수만 있는 것이 아니다. 예수님이 하셨던 것처럼 그 녀석을 꾸짖을 수 있다. 무엇으로 가능한가? 예수의 피로 가능하다. 끊임없는 기도로 가능하다. 그러므로 자녀들에게 영적 전쟁에 대해서 가르쳐야 한다. 그들은 하나님이 그들을 사랑하시고 그들의 삶을 위한 놀라운 계획을 가지고 계시다는 것을 알아야 한다. 동시에 원수가 그들을 미워하며 그들의 삶을 망치려는 끔찍한 계획을 가지고 있다는 것도 깨달아야 한다. 선택은 그들의 것이다!

그러므로 당신은 누구와 싸워야 하는지 초점을 잊어서는 안 된다. 당신이 그것을 잊어버린다면, 당신은 마귀와 싸우는 대신에 자녀들과 싸우게 될 것이다. 우리의 싸움의 대상은 고집쟁이 꼬맹이나 반항적인 십대가 아니다. 잘못은 그들이 할지라도, 우리의 싸움의 대상은 '마귀'라고 하는 원수이다. 그리고 우리가 마귀와 대적하여 싸우는 수단은 '무릎'이다.

기도를 하지 않으면 전쟁터에서 당신 자신이 싸우게 될 것이고, 기도를 하게 되면 하나님이 당신을 위하여 싸워 주실 것이다. 하나님께서 당신을 위하여 싸우시게 하라! 당신이 성령님처럼 할 수 있는가? 당신의 자녀들이 잘못할 때 당신은 분명 그들과 맞설 수 있다. 그러나 오직 성령님만이 죄를 깨닫게 하셔서 회개하게 하실 수 있다. 명심하라! 그것은 그분의 일이지, 당신의 일이 아니다.

자녀들을 과소평가하지 말라

《칼을 가진 소녀들》*Girls with Swords*이라는 책에서 리사 비비어는 아놀드 슈왈제네거가 출연한 1984년의 공상 과학 영화 '터미네이터' The Terminator와 비슷한 이야기 전개를 하고 있다. 늘 반복되는 따분한 일상을 살던 웨이트리스 사라 코너의 이야기이다. 2029년에서 온 로봇이 그녀를 암살하려고 할 때 그녀의 따분한 생활은 끝나게 된다. 동시에 카일 리스가 그녀의 목숨을 구하기 위하여 개입한다.

사라는 리스가 설명해 주기 전까지 왜 터미네이터가 그녀를 목표로 하는지 알 수 없었다. 멀지 않은 미래에 인류를 멸망시킬 핵공격이 시작될 것이다. 사라의 아직 태어나지 않은 아들 존 코너는 생존자들을 이끌고 스카이넷과 그 로봇 군대에 대항하여 저항운동을 이끌게 될 것이다. 저항운동의 승리가 다가오자, 스카이넷은 터미네이터를 보내어 존이 태어나지 못하도록 사라를 죽임으로써 저항운동이 일어나지 못하도록 최후의 수단을 강구한 것이다.

이쯤해서 내 의견을 말해도 되겠는가?

당신은 이 행성에 사는 어느 누구보다도 당신의 자녀를 믿을 것이다. 그러나 당신은 여전히 그들이 하나님의 나라를 위하여 성취할 수 있는 것을 과소평가한다. 당신의 자녀는 문화의 획기적인 변화를 가져올 수 있는 영화 시나리오나 책을 쓸지도 모른다. 암 치료법을 발견하여 당신의 목숨을 구할지도 모르고, 비즈니스를 시작하여 제3세계 국가에서 '킹덤 코스'

Kingdom Causes, 미국의 기독교 구호단체-역자 주를 재정적으로 후원할지도 모른다. 당신은 지금 미래에 한 도시를 변화시킬 교회의 목사를 키우고 있거나, 혹은 미래의 대통령을 키우고 있는지도 모른다.

나는 리사 비비어가 터미네이터에서 죽이고 훔치고 파괴하려고 오는 전형적인 캐릭터를 빌려온 것이 아주 마음에 든다. "당신의 목숨을 노리는 것은 지금까지 살아온 당신에 대한 공격이 아니라 '미래의 당신'에 대한 공격이다."

우리의 원수는 미래에 대하여 우리보다 더 많이 알지 못한다. 그러나 그는 엄청난 미래의 잠재력이 되는 우리의 자녀들을 겨냥할 줄 안다. 갈대 상자에 자기 아들을 숨긴 모세의 어머니 요게벳처럼, 우리는 그 음모를 알아차리고 대책을 세워야 한다. 우리는 자녀들을 원수의 음모로부터 보호할 뿐만 아니라 하나님이 정해 놓으신 길로 보내기 위하여 우리가 할 수 있는 모든 것을 해야 한다. 만일 요게벳이 그녀가 했던 일을 하지 않았더라면, 모세는 죽임을 당했거나 노예로 자라게 되었을 것이다. 그러나 어머니의 예언자적 통찰 덕분에, 모세는 바로의 궁전에서 자랄 수 있게 되었다.

부모로서 우리가 할 수 있는 가장 능력 있는 일은 우리 자녀들에게 예수의 피를 바르는 것이다. 모세의 구원이 이스라엘

민족 전체의 구원을 가져온 것처럼, 당신 자녀들의 구원이 민족 전체의 구원을 가져오게 될지 누가 아는가? 그런데 요게벳처럼, 당신과 당신의 자녀들은 구원을 받기 전에 고난을 견뎌야 할지도 모른다.

때로 하나님은 자녀들에게 고난의 길을 걷게 하신다

내 친구 존과 트리시아 틸러는 10여 년 전에 최악의 악몽을 경험했다. 세 살짜리 아들이 2층의 침실 밖으로 떨어졌던 것이다. 엘리는 헬리콥터로 병원에 수송되어 3주 동안 집중 치료를 받았다. 기적적으로 살아났지만 심각한 뇌 손상을 입었다. 오른쪽 눈의 시력을 잃었고 몸의 왼쪽 절반은 거의 움직이지 못했다. 또 심하게 말을 더듬었고 다리를 절게 되었다. 이제 열두 살이 된 엘리는 내가 만난 누구보다 더 상냥한 마음과 용기를 가진 아이이다.

최근에 존은 우리 교회에서 자신의 이야기를 나누었고, 엘리 크리스 톰린의 노래 '나는 일어서리라' I Will Rise를 불렀다. 그날 그의 간증을 듣고 눈물을 흘리지 않은 사람은 아무도 없었다! 당신이 그 감격을 느끼고 싶다면 유투브YouTube에서 찾아 시청하기 바란다. 아니면 그들을 당신의 교회에 초청하여 직접 간증을 듣는 것도 좋을 것이다. 존과 트리시아는 아들을 살려 주신 것에 대하여 하나님께 셀 수 없을 만큼 감사를 드렸다. 그러나 아들을 완전하게 치료해 달라는 그들의 기도는 아직 응답되지 않고 있다. 그 사고 이후 존은 순간순간 밀려오는 의심, 두려움과 싸워야 했다.

나는 하나님께 질문을 하기 시작했습니다. "왜요, 하나님? 왜 그처럼 어린 아이가 창문에서 떨어져야 합니까? 왜 내 아들입니까? 왜 하필 우리 아들입니까? 왜 나입니까?" 저는 대답을 찾기 위해 애를 썼습니다. 그러다 성경을 보니, "왜요, 하나님?"이라고 질문했던 사람은 나뿐만이 아니더군요.

요한복음 9장에서 예수님은 태어나면서부터 맹인이었던 사람을 만나셨다. 그의 친구들과 가족들은 그의 장애가 어떤 불순종의 결과라고 생각했다. 그들은 예수께 이렇게 물었다.

"이 사람이 맹인으로 난 것이 누구의 죄로 인함이니이까 자기니이까 그의 부모니이까" 요 9:2

그러나 예수님은 그들의 생각이 틀렸다는 것을 말씀하셨다. 사람들은 그 사람이 맹인으로 태어난 것은 조상들의 죄 때문이거나 그 사람의 믿음이 없기 때문이라고 생각했지만, 예수님은 그 진짜 이유를 드러내심으로써 그들의 잘못된 생각을 바로잡으셨다.

> 때로 우리의 자녀들에게 오는 고난에 감사해야 한다

"이 사람이나 그 부모의 죄로 인한 것이 아니라 그에게서 하나님이 하시는 일을 나타내고자 하심이라" 요 9:3

단도직입적으로 질문하겠다. 자녀들을 위한 당신의 가장 깊은 욕구와 가장 높은 소망은 무엇인가? 당신의 자녀들이 하나님을 영화롭게 하고 이 세대에서 그분의 목적을 섬기는 것인가? 그렇다면 당신은 하나님이 당신의 자녀들 주위에 보호의 울타리를 치셨을 때라도 때로는 그들의 삶에서 성화의 과정으로 고난이 있으리라는 것을 인정해야 할 것이다. 나는 하나님이 고난의 원인이 되시는 분이 아니라 고난을 보상하시는 분임을 말하고 있다. 그는 우리의 고통을 통해 다른 사람들의 유익이 되게 하신다.

부모에게 있어서 자녀들이 고난당하는 것을 보는 것처럼

고통스러운 것은 없다. 나는 그럴 때 부모가 그들을 보호하고 돕기 위하여 애를 쓰는 것을 하지 말아야 한다고 말하는 것이 아니다. 고통과 고난의 과정을 겪음으로써만 배울 수 있는 교훈들이 있음을 잘 알기 때문에, 때로 우리의 자녀들에게 오는 고난에 감사해야 한다고 말하고 있는 것이다. 우리는 잘 몰라도, 우리가 생각하는 것보다 더 큰 계획과 목적이 하나님께 있다.

문제를 통해 기도하기

엘리 틸러가 사고를 당한 이후, 존과 트리시아는 아들을 돕기 위하여 할 수 있는 모든 것을 다했다. 보험 처리가 되지 않는 수만 달러의 의료 장비들을 구입하기도 했고, 사고 후 3년 동안 깨어 있는 시간의 80%를 아들을 치료하는 데 사용했다. 그들은 엘리가 완전히 치료될 것이라는 믿음을 가졌고, 기도하며 기다렸다. 매일매일을 그렇게 기도하며 기다렸다. 그러나 그들은 이제 엘리의 상태를 인정하고 그 모습으로 평생을 살아야 할지도 모른다는 생각을 받아들였다. 존은 말했다.

우리는 우리 자신의 생각을 버리고 하나님께서 무슨 일을 하실지 바라보아야 했습니다. 비로소 지난 5년 동안 장애를 지닌 채 살아왔던 삶을 받아들일 수 있게 되었습니다. 그것이 제가 아들을 위한 기도를 그만두었다는 뜻은 아닙니다. 아들이 치료될 수만 있다면 제 오른팔이라도 내놓을 수 있을 것입니다. 그러나 절망하고 분노하기보다 하나님이 이 일을 통해 어떤 일을 하실지 바라보기로 했습니다.

솔직히 우리는 기도를 드릴 때, 하나님의 영광을 위해서 드린다기보다는 우리 자신이 위로받으려는 의도가 더 많을 때가 있다. 대부분의 기도가 그렇지 않은가?

> 기도의 주된 목적은 우리 자신이 변화되고, 우리의 자녀들이 변화되는 것이다.

그리고 우리는 대부분 문제로부터 벗어나기 위해 기도한다. 그러나 그런 근시안적인 기도는 하나님의 완전한 계획을 중간에 잘라 버리기 일쑤이다. 그러므로 하나님께서 무엇을 말씀하시려는지를 파악하기 전에 문제에서 벗어나는 기도만을 하지 말라. 기도의 목적은 우리의 상황을 변화시키는 것이 아니다. 기도의 주된 목적은 우리 자신이 변화되고, 우리의 자녀들이 변화되는 것이다.

나는 우리 아이들이 그리스도의 형상을 닮기 원한다. 그러기 위해서는 문제에서 벗어나는 기도가 아니라 그들이 문제를 통과하도록 기도해야 한다는 뜻이다. 문제에서 벗어나려고 기도하기보다 문제를 통과하기 위한 기도가 필요하다.

자녀들 주위에 보호의 울타리를 쳐달라고 하는 기도는 쉬운 길만을 찾아가게 해달라고 기도하는 것과는 다르다. 또한 하나님이 그들의 성품을 사용하시기 위해 그들을 단련하고 연단시키는 것을 제어하는 것도 아니다. 보호의 울타리를 위한 기도는, 오히려 하나님께 최고의 영광을 돌리는 길과 고통이라는 웅덩이들을 잘 통과하는 사람이 되게 해달라고 기도하는 것이다.

하나님은 악한 자의 음모로부터 그들을 보호하실 수 있다. 부모로서 우리는 '하나님을 사랑하는 자 곧 그의 뜻대로 부르심을 입은 자들에게는 모든 것이 합력하여 선을 이루느니라' 롬 8:28는 약속 위에 서 있다. 하나님은 그들의 일시적인 고통을 영원한 유익으로 바꾸실 것이다. 그리고 그것이야말로 우리가 받아야 할 가장 귀한 보답이다.

Chapter 08

다섯 번째 원 :
기도하는 자녀로 만들기

"누구든지 네 연소함을 업신여기지 못하게 하고
오직 말과 행실과 사랑과 믿음과 정절에 있어서
믿는 자에게 본이 되어" 딤전 4:12

토니 캄폴로는 펜실베이니아Pennsylvania 대학의 교수이며 목사였다. 그의 아내 페기는 전업주부였다. 그런데 교수들의 모임에 참석할 때마다 페기는 늘 "하는 일이 무엇이냐?"는 질문을 받았다. '전업주부'라고 대답할 때 그녀는 무시당하는 느낌을 받았다. 그래서 그녀는 자신의 역할을 재정의하기로 작정했다. 그 다음번 모임에 나갔을 때, 한 사람이 또 하는 일이 무엇이냐고 물어 왔다. 페기는 그들에게 합당하도록 학적인 용어로 이렇게 대답했다고 한다.

"저는 두 명의 호모사피엔스Homo Sapiens들이 현재의 사회적 질서를 종말 안에 내재하는 목적론적으로 기술된 유토피아

Utopia로 변화시키는 역할을 수행할 수 있도록 하기 위하여 유대-기독교적 전통의 우세한 가치체계 안에서 그들을 양성하고 있답니다."

그리고 잠시 뜸을 들인 후 말했다.
"그런데 당신이 하시는 일은 뭔가요?"

그것은 자녀양육의 정의들 가운데 내가 가장 좋아하는 것이 되었다! 사전이 필요할 것 같다고 해서 언짢아할 것은 없다. 사실은 나도 사전을 찾아야 했으니까! 자녀를 양육하는 것보다 더 큰 특권은 없다. 그것은 최고의 부르심이며, 그것과 견줄 수 있는 것은 아무것도 없다. 그러나 만일 당신이 스스로의 힘으로 자녀를 양육할 수 있다고 생각한다면, 자신을 기만하는 것이다. 물론 당신은 자녀들을 기만하지 못한다! 아이들은 본능적으로 엄마와 아빠를 분열시키고 정복해서 자신들이 원하는 것을 얻어낼 수 있다는 생각을 가지고 있다.

하나님은 우리가 자녀를 양육하는 데 2인 1조로 팀을 꾸려야 한다는 것을 아셨다. 그래서 엄마와 아빠를 하나의 단위로 해서 가정을 설계하신 것이다. 그래서 두 사람의 몫을 해내는 싱글 부모들을 나는 높이 평가한다. 그들은 휴식도 없이 공격과 수비를 한꺼번에 하는 선수들과도 같다.

기대는 것 배우기

기도의 원 그리는 방법을 살펴보기 전에, 뒤로 한 걸음 물러서서 부담을 좀 덜어 보자. 건강한 부모들은 배우자의 강점에 기대는 것을 배운다. 물론 그렇게 하기 위해서는 먼저 배우자의 강점을 찾아야 할 것이다.

마이어스-브리그스Myers–Briggs의 성격 테스트 도구를 활용할 것을 강력히 추천한다. 결혼 생활이나 자녀양육 스타일에 관하여 그것만큼 우리 자신의 모습을 잘 드러내 주는 것도 많지 않다. 그 테스트에서 로라와 나는 정반대의 결과가 나왔다. 그것은 우리가 종종 부딪힐 수 있다는 것을 의미하기도 하지만, 또 다른 면으로는 우리가 자녀들을 보다 전인적으로 양육할 수 있다는 의미이기도 하다.

우리 아이들이 친구 집에서 잠을 자고 싶거나 뭔가를 사고 싶을 때, 그들은 보통 아빠인 나에게 부탁을 한다. 아이들은 내가 거절을 잘 하지 못하는 성격임을 알고 있다. 그렇다고 로라만이 늘 나쁜 역할을 해야 할까? 그것은 옳지 않다. 우리는 각자의 강점과 약점을 알아 서로를 보완해야 했다. 새로운 기술을 가르치거나 숙제를 도와주는 일, 또는 운전연습을 시키는 데 누가 더 적합한지를 분별하려고 노력했다. 물론 나는 잘한 행동을 칭찬하고 잘못한 것을 바로잡는 데는 성격의 유형과 상관없이 부모 두 사람 모두가 관여하는 것이 매우 중요하다고 생각한다.

자녀양육에서 아주 중요한 한 가지 열쇠는 엄마와 아빠는 물론 할머니나 할아버지, 이모나 고모 등과 같은 다른 가족들에게 기대는 것을 배우는 것이다. 물론 현대의 핵가족화 시대에 그것은 모두가 누릴 수 있는 것이 아님을 잘 알고 있다. 그러나 할머니 할아버지가 같은 동네에 살지 않아도 그들과 연결할 수 있는 방법은 다양하다. 우리 아이들이 가장 기다리는 연중 행사는 플로리다에 사는 할아버지 할머니와 일주일 동안 함께 지내는 것이다. 비록 그들은 멀리 떨어져 있지만, 나는 그분들이 우리 아이들을 위하여 기도해 주기를 간절히 바라고 있다! 우리는 또한 로라 쪽의 가족들이 가까이 살고 있는 행운을 누리고 있다. 아이들을 끔찍하게 사랑하는 이모나 삼촌들만큼 훌륭한 도우미는 없을 것이다. 그리고 그 이모와 삼촌들은 영적으로도 우리 아이들의 절친한 친구들이다.

나는 우리의 육적인 가족들에게도 감사하지만, 영적 가족들에게도 감사한다. 그러나 교회의 교역자들과 같은 영적 가족들이 우리 아이들의 영적 상태를 책임져 주는 것은 아니다.

그것은 내가 책임져야 할 일이다. 그럼에도 자녀양육에 있어서 나와 함께 팀을 이룰 누군가가 있다는 것은 너무도 감사한 일이다.

운동이나 식사를 하며 아이들과 함께 보내는 시간을 통해, 우리 아이들은 그들에게서 값으로 환산할 수 없는 귀중한 것들을 배운다. 또한 우리에게는 우리 가족을 위하여 날마다 중보기도하는 내셔널커뮤니티교회의 기도 팀이 있다. 우리 아이들은 그 기도 목록의 맨 위에 있다. 부모된 우리에게 그것이 얼마나 큰 힘이 되는지 모른다!

안수하기

우리는 가장 먼저 가족들에게 기도의 원을 그려야 한다. 우리 가족은 기도할 때 함께 무릎을 꿇거나 손을 잡는다. 나는 우리 아이들의 머리에 손을 얹고 기도하는 것을 매우 좋아한다. 물리적인 접촉은 영적 유대를 발생시키기 때문이다. 그리고 성경에 기록된 법칙 안에는 신비하고 강력한 그 무엇인가가 분명히 있다.

손을 얹어 안수하는 것에 대해 성경에 많이 언급되어 있다.

안수를 하면 치료가 일어나고 축복의 사건이 일어난다. 예수님은 마태복음 19장에서 안수에 관해 좋은 예를 보여 주셨다. 어느 날 어린아이들을 예수께 데려와서 안수하고 기도해 달라고 하였다. 그 모습을 보고 제자들은 예수님을 귀찮게 하지 말라며 부모들을 꾸짖었다. 그러나 예수님은 말씀하셨다.

> "어린 아이들을 용납하고 내게 오는 것을 금하지 말라 천국이 이런 사람의 것이니라" 마 19:14

그리고 그 어린아이들의 머리에 손을 얹으시고 축복하신 다음에 그곳을 떠나셨다 마 19:13-15. 몇 년 전 가족과 함께 경건의 시간을 갖고 있을 때에, 나는 요시야의 가슴에 손을 얹고 기도하고 싶은 마음이 들었다. 그래서 나는 내 아들의 가슴에 손을 얹고 기도했다. 나는 실제로 내 기도가 그의 몸 안으로 들어가는 느낌을 받았다. 그 물리적 접촉이 나와 아들 사이에 어떤 연결 통로를 형성하는 것 같았다. 성령께서 내 마음에 기도를 넣어 주시는 것을 느꼈다. 그래서 나는 담대하게 선포했다.

"주님, 요시야가 그 이름에 내포되어 있는 하나님의 뜻대로 자라게 하소서."

당신이 짐작하는 대로, 요시야Josiah는 고대 유대의 왕으로,

그의 많은 영적 공헌은 그 이름의 뜻에 모두 담겨 있다.

"그가 여호와의 눈에 옳은 대로 행하였더라"

나는 그 기도를 드리면서 요시야가 가야 할 길을 선포했던 것이다. 그날 저녁 늦게, 요시야는 양치 후 잠옷을 입고 순진무구한 눈빛을 하고 나에게 말했다.
"아빠, 나는 빨리 커서 왕이 되고 싶어요."
내 기도가 살짝 오해되고 있었다! 아내는 나에게 요시야의 오해를 바로잡으라고 했지만, 나는 그럴 용기가 없었다. 그런데 요시야가 그 다음에 한 말은 어떤 신학자도 나에게 가르쳐 주지 못했던 기도의 방법이었다.
"아빠, 파커와 서머에게도 손을 얹고 기도해 주었어요?"
요시야는 그 어떤 신학적인 용어도 그 어떤 성경적인 방법도 제대로 이해하지 못했다. 그러나 그는 손을 얹고 기도하는 것이 세상에서 가장 멋진 일이라고 생각하는 듯했다. 그건 사실이다. 그러나 그보다 더 중요한 것이 있다. 자녀들의 몸에 손을 얹고 기도하는 것이 부모와 자녀 간의 영적 유대를 만들어 낸다는 사실이다.

당신의 자녀를 만지라

부모들이 아이들을 축복해 달라고 데려왔을 때, 예수께서는 아이들의 머리에 손을 얹으셨다. 우리도 예수께서 하셨던 방법을 따라야 하는 것 아닌가? 우리가 우리 자녀들과 소통하는 통로 중 하나는 그들을 만지는 것이다. 자녀들을 안아 주거나 등을 토닥여 주라. 그리고 기도할 때 그들의 머리에 손을 얹으라. 자녀들의 몸에 손을 얹고 기도하는 것은 당신과 당신 자녀들 사이에 매우 좋은 유대관계를 갖게 해 줄 것이다.

한 연구에 의하면 신체적인 접촉을 하는 것은 바이러스와 싸우고, 스트레스를 줄이며, 숙면을 취하게 하고, 상처가 회복되는 것을 돕는다고 한다.

유타의 한 연구 그룹은 마사지를 하루 30분씩 일주일에 세 번만 받으면 스트레스와 관련된 효소인 알파 아밀라아제alpha-amylase가 34%까지 낮아진다는 연구 결과를 내놓았다. 당신의 배우자에게 이 이야기를 해 주고 싶지 않은가?

서로 신체적인 접촉을 하는 것은 이렇게 육신적으로도 상당한 효력이 있음을 알 수 있다. 거기에 하나님의 영적 능력이 더해진다면, 상대와 접촉하는 것은 초자연적인 일이 일어나도록 할 것이다. 많은 교회들이 안수를 하는 것을 위험하다고 생각한다. 그렇게 생각하는 데는 여러 가지 이유가 있을 수 있다. 당신이 어렸을 때 다녔던 교회가 안수를 잘 하지 않았던 교회였다면, 당신도 안수하는 것을 불편하게 생각할 수도 있다. 이유야 어떻든 안수를 꺼리면, 믿음의 결핍과 기적의 결핍, 치유의 결핍이 올 수 있다.

나를 바보라고 해도 좋다. 그러나 나는 만일 성경 속의 사람들이 했던 대로 한다면, 우리도 그들이 경험했던 것을 경험할 수 있을 것이라고 믿는다. 병자를 위하여 기도하거나 부르심 받은 사람을 임명하거나, 위로가 필요한 사람을 위로하는 것을 성경대로 담대하게 행하지 못함으로 인하여 얼마나 많은 기적의 순간들을 박탈당하고 있는지 아는가? 우리 가정에서 자녀들과 함께 담대하고도 성경적인 기도를 시작해 보자.

함께 하는 기도 vs 위하여 하는 기도

내가 요시야 왕 이야기를 좋아하는 이유는 그가 왕이 되었을 때 여덟 살이라는 사실이다. 우리는 너무나 자주 나이를 핑계로 댄다. 하나님께 사용되어질 때는 너무 나이가 적거나 너무 나이가 많은 것이 문제가 되지 않는다. 요시야 왕은 어렸지

> 당신의 자녀들이 가진 잠재력을 과소평가하지 마라.

만 그 나라를 하나님 앞에 무릎 꿇게 하였다. 당신의 자녀들이 가진 잠재력을 과소평가하지 마라. 그들로 하여금 그들의 영적 은사를 활용할 기회를 주라. 당신이 놀랄 정도로 그들은 아주 잘할 것이다.

자녀들을 양육하기만 하는 것은 훌륭한 양육이라고 보기는 어렵다. 훌륭한 부모는 자녀들로부터 배우는 부모이다. 나는 이것을 '역방향 멘토링'이라고 부른다. 예수님도 그렇게 말씀하시지 않았는가?

> "너희가 돌이켜 어린 아이들과 같이 되지 아니하면 결단코 천국에 들어가지 못하리라" 마 18:3

나는 영적으로 다급한 상황에 처하면 우리 아이들에게도 기도를 부탁한다. 아이들의 기도에는 특별한 능력이 있다. 그것은 그들의 순전한 믿음에서 나온다. 그들의 믿음은 아직 논리의 영향을 받지 않은 순수한 믿음이다. 나는 《써클 메이커》에서 우리 교회가 의사당 근처에 있는 8백만 달러의 예배당을 빚 하나 지지 않고 보유하게 된 이야기를 나누었다. 그것을 계약하게 된 것은 기적이었는데, 나는 그 기적의 시작이 우리 아이들의 기도로부터 시작되었다고 믿는다.

계약을 하려던 바로 그날, 우리는 그 건물을 다른 부동산 개발회사에게 빼앗겼다. 전쟁에서 패한 참담한 느낌으로 집에 돌아와 가족들에게 기도해 달라고 부탁했다. 나는 믿음을 잃었지만, 아이들은 그렇지 않았다. 나는 그들의 단도직입적인 기도를 결코 잊지 못할 것이다.

"하나님, 그 건물을 당신의 영광을 위하여 사용해 주세요."

아주 간단한 기도였다. 그리고 매우 순진했다. 믿음으로 가득 찬 기도였다. 결국 그 기도가 나의 믿음을 소생시켰고 나는 하나님께서 응답하실 것을 느꼈다. 그래서 나는 우리가 그 건물을 가질 수 있게 될 것이라고 믿었다.

순진한 기도

나는 최근에 이선이라는 다섯 살짜리 아이의 엄마로부터 이메일을 받았다. 이선이 예배에 참석했던 어느 일요일이었다. 그들의 교회는 《써클 메이커》로 연속 설교를 하고 있었다. 이선은 목사님의 설교를 듣고 자기도 자신을 위한 기도의 원을 그리기로 작정했다. 그 다음 날 그는 엄마에게 이렇게 말했다.

"엄마, 나는 하나님께 일요일이나 월요일까지 아기를 주시라고 기도할 거예요."

이선은 엄마에게 그들이 병원에 가서 아기를 데려와야 하니까 아기 방을 준비하고 가방을 챙기라고 말할 만큼 확신에 차 있었다. 이선의 아빠와 엄마 역시 아기를 위하여 기도해 오고 있었다. 그러나 딸이 사산되고 아들이 유산되었을 때, 그들의 마음은 찢어졌고 믿음도 흔들렸다. 한 친구가 그들에게 자신의 아기를 입양해 달라고 부탁했지만, 그 아기에게 이름을 지어 주고 집에 데려온 후에 친모의 마음이 변해 버렸었다.

이선이 그렇게 기도한 지 4일이 지났을 때, 입양희망자 목록의 맨 아래 부분에 있던 이선의 엄마는 이메일을 하나 받았다. 그것은 신생아 집중치료실에 있는 한 여자 아기에게 새로운 가정이 필요하다는 것이었다. 아주 특별한 상황 때문에 그 아이는 그 다음 날 당장 새로운 가정에 보내져야 했던 것이다! 만일 이선의 기도가 없었더라면, 기나긴 의료적 문제의 목록 때문에 입양을 포기하게 했을지도 모른다.

지진과 눈보라, 고속도로의 폐쇄, 도중하차의 취소, 수하물 분실 등의 사건을 겪으며, 그들이 병원에 도착한 것은 2012년 11월 11일 일요일이었다. 이선의 기도나는 예언이라고 말하고 싶지만는 아무도 계획하거나 예상할 수 없는 방법으로 성취되었다.

이선의 부모는 데려온 아이를 '애러벨'이라고 이름지었다. 그 이름의 뜻은 '기도에 대한 응답'이다. 그녀는 바로 기도에 대한 응답이었던 것이다. 애러벨은 오빠 이선의 기도에 대한 응답이었다. 그리고 그녀의 완전한 치료와 건강 역시 기도의 응답이었다.

자녀를 위해 기도만 하지 말고, 함께 기도하라

나는 부모로서 중요한 것들을 배웠는데 그 중에서 가장 중요한 것은, 자녀의 의사 없이 부모 혼자 단독으로 영적으로 아이들을 훈육할 수 없다는 것이다. 영적인 성장은 부모와 자녀가 함께 이루어가야 하는 문제이다. 그렇지 않으면 부모가 자녀의 영적 성장을 오히려 방해할 수도 있다는 것이다.

나는 열여섯 살이 되자마자 운전면허를 땄다. 처음으로 운전석에 앉았을 때 느꼈던 기분은 지금도 잊을 수 없다. '자유'로이 가고 싶은 곳 어디라도 갈 수 있게 된 것이다.

그런데 그때 두 가지 사실을 깨달았다. 첫째, 휘발유를 넣으려면 돈이 든다는 것이다! 둘째, 혼자서는 그 어디도 갈 수 없다는 것이다! 그동안 내 고향 일리노이 주의 네이퍼빌 구석구석을 수천 번도 넘게 다녔는데, 직접 운전해서 가려고 하니 길을 전혀 알 수 없었다. 왜 그랬을까? 나는 항상 뒷좌석에 앉아 있었지, 운전석에서 운전해 보지는 않았기 때문이다. 그동안에는 어디로 가고 있는지, 어떻게 가야 하는지 관심을 가져본 적이 없었던 것이다. 그저 가는 대로 몸을 맡기고 있었다.

> 단지 그들을 위하여 기도하지 말고, 그들과 함께 기도하라.

영적인 면에서도 마찬가지이다. 아이들이 직접 운전석에 앉기 전까지 그들은 아무데도 찾아갈 줄 모를 것이다. 기도에 있어서도 마찬가지이다. 당신이 그들을 위해서 기도만 하고, 그들로 하여금 기도하게 하지 않는다면, 그들은 기도를 통해 길을 찾는 방법을 전혀 모르게 될 것이다.

부모가 해야 할 큰 책임은 자녀들을 위하여 기도하는 것이다. 그런데 그보다 더 큰 책임은 자녀들에게 기도하는 것을 가르치는 것이다. 단지 그들을 위하여 기도하지 말고, 그들과 함께 기도하라. 당신의 자녀들과 함께 기도하는 것은 그들에게 운전하는 것을 가르치는 것과 같다.

당신이 단순히 자녀들을 위해 기도만 한다면, 당신의 자녀들은 그저 뒷좌석에 앉아 있기만 할 것이다. 영적으로 독립하지 못하고 당신을 의존하여 항상 당신에게 어떤 곳에 가야 한다면서 태워달라고 할 것이다. 그런데 당신이 그들에게 기도하는 것을 가르친다면, 그들은 하나님이 가라고 하시는 곳을 향하여 스스로 길을 찾아갈 것이다.

작년 사순절 기간 동안 파커와 나는 작은 기도 연습을 하였다. 학교에 가는 날 아침에 기도하는 시간을 조금 갖기 위해 우리는 여섯 시에 일어났다. 우리는 무릎을 꿇고 돌아가며 서로를 위해 기도하였다. 기도할 때마다 은혜가 넘쳤을 것이라고 생각하는가? 아니다. 나는 한두 번 파커를 쿡쿡 찔러야 했는데, 내 기도가 그를 잠들게 했기 때문이다! 그러나 나는 그 시간이 하나님의 임재 앞에 엎드리는 능력의 시간이었다고 확신한다. 우리 부모가 아이들에게 가르칠 수 있는 가장 능력 있고 중요한 것은 바로 무릎을 꿇고 기도하는 것이다.

가장 깊은 사랑의 표현, 기도

《써클 메이커》가 출판된 후 나는 10주에 걸쳐 열두 개의 도시를 다니며 북 투어를 했다. 독자들을 직접 만나는 그것이 너무 흥미로웠다. 그런데 그 투어를 하기 위해서는 상당한 대가를 치러야 했다. 투어 기간 동안 내셔널커뮤니티교회는 폭발적인 성장을 하고 있었기 때문에 나의 모든 에너지를 쏟아내야 했다. 나는 강연과 목회 사이에서 녹초가 되었다.

한번은 여행을 떠나기 직전에 가족들에게 기도 부탁을 했다. 보통 내가 가족들을 위해 기도해 주었는데, 그때는 가족들의 기도가 필요했다. 나는 무릎을 꿇었고, 아내와 아이들이 내 몸에 손을 얹었다. 그들은 차례로 나를 위해 기도했는데, 기도하는 동안 나는 울음을 멈출 수 없었다. 그들의 기도를 통해 나는 그들에게 사랑받고 있음을 느꼈다. 또한 그것으로 인해 새 힘이 솟았으며, 위로가 되었다.

돌아가면서 모두 한 번씩 기도를 했기 때문에 나는 기도가 모두 끝난 줄로 알았다. 그런데 파커가 다시 기도하기 시작했다. 형식적인 기도가 아니었다. 성령께서 감동하셔서 그가 앞에서 기도했던 것에 뭔가를 추가했다. 그는 나의 등에 손을 얹고 이렇게 기도했다.

"주님, 아빠가 이번 힘든 기간 동안에 성실함과 순수함을 잃지 않게 해 주세요."

당신의 아들이 당신을 위하여 이렇게 기도했다고 생각해 보라. 완전히 새로운 경험일 것이다. 그것은 성령께서 내 삶이 성실하고 순수해야 함을 말씀하시며 나를 강철처럼 단련하시는 느낌이었다.

전쟁이 계속되는 동안 모세의 두 팔을 들어 올렸던 아론과 훌의 이야기를 기억하는가? 모세의 팔에 힘이 빠져 아래로 내려오면, 이스라엘 군대가 패배했다. 그런데 아론과 훌이 그의 양 팔을 들어 올려 주어 이스라엘 군대가 승리하였다 출 17:8-16.

> 우리를 위하여 무릎으로 싸워 줄 사람들이 필요하다.

우리는 모두 아론과 훌이 필요하다. 약해질 때 강한 도움을 주는 사람들이 필요하다. 믿음이 바닥났을 때 믿음으로 충만한 사람들이 필요하고, 우리를 위하여 무릎으로 싸워 줄 사람들이 필요하다. 우리는 모두 기도의 원이 필요하다!

때때로 부모들은 아론과 훌의 역할을 수행한다. 그런데 어떨 때는 그 반대로 우리의 자녀들이 우리의 팔을 들어올려 주기도 한다.

최근에 8개월 동안 직업을 잃었던 한 아버지로부터 이메일을 받았다. 그는 하나님께 화가 났고, 자신에게도 화가 났다고 했다. 또한 직업전선에서 패배했다고 느꼈기 때문에, 가족 경건의 시간 인도하는 것도 그만두었다고 한다. 그러다가 《써클 메이커》를 읽고 나서 그는 다시 시작해야겠다고 결심했다. 그는 실직을 한 후 처음으로 가족들을 위하여 기도했다. 그리고 그의 아내와 자녀들은 역으로 그를 위해 기도했다. 그의 아내가 기도하는 동안, 자녀들이 그녀의 팔을 들어올렸다. 아론과 훌이 모세의 팔을 들어 올렸던 것처럼……

그것은 아버지가 평생 잊을 수 없는 순간이었다. 이러한 일이 바로 가족이 하는 일이다.

Chapter 09

여섯 번째 원 :
말씀을 붙들고 기도하기

"이는 비와 눈이 하늘로부터 내려서
그리로 되돌아가지 아니하고
땅을 적셔서 소출이 나게 하며 싹이 나게 하여
파종하는 자에게는 종자를 주며
먹는 자에게는 양식을 줌과 같이 내 입에서 나가는 말도
이와 같이 헛되이 내게로 되돌아오지 아니하고
나의 기뻐하는 뜻을 이루며
내가 보낸 일에 형통함이니라" 사 55:10-11

나는 할아버지가 쓰시던 성경책을 아주 소중하게 여긴다. 나는 그 성경의 여백에 기록되어 있는 메모들을 보는 것을 좋아한다. 또한 그가 밑줄을 그은 구절들을 보는 것을 좋아한다. 때때로 나는 그 성경으로 개인 경건의 시간을 갖기도 한다.

나 역시 그와 비슷한 유산을 우리 자녀들에게 남겨 주고 싶다. 사실 나는 우리 아이들에게 내가 그들을 위하여 특별히 기도하며 사용했던 성경책을 물려주고 싶다. 최근에 18세기의 신학자이며 목사였던 조나단 에드워즈Jonathan Edwards의 아이디어에서 영감을 얻은 성경을 한 권 손에 넣었다. 에드워즈는 성경을 읽으면서 메모하기를 좋아했는데, 그래서 그는 성경 안에 빈 페이지를 붙여 넣었다. 내가 가진 성경은 한쪽 페이지가 공백으로 되어 있어서, 우리 아이들을 위한 기도나 생각들을 기록할 수 있게 되어 있다. 우리 아이들이 대학 기숙사에 들어가려고 집을 떠날 때 나는 그들에게 그들만의 기도 성경책을 건네줄 작정이다.

나의 친구 웨인도 그렇게 했다. 그는 첫째 아들 티머시부터 시작하여 자녀들 하나하나를 마음에 두고 성경 한 권씩을 가지고 기도했다. 웨인은 티머시에게 특별히 해당되는 구절들에 원을 그리고 밑줄을 그었다. 그리고 여백에 메모를 적었다. 그는 그 말씀들이 자녀들에게 문자적으로 이루어지기를 기도했다.

티머시가 고등학교를 졸업하기 전, 웨인은 근처 레스토랑에서 티머시를 위한 '깜짝 파티'를 준비했다. 티머시의 삶에 영향을 준 몇몇 사람들을 초대했고, 그들은 티머시에게 줄 선물을 하나씩 준비하였다. 웨인은 해병대 마라톤에 나가서 완주했을 때 받은 메달을 티머시에게 주었다. 그러나 가장 의미 있는 선물은 웨인이 티머시에게 준 두 번째 선물, 성경책이었다. 웨인은 이렇게 말했다.

"나의 가장 큰 기쁨은 내가 티머시를 마음에 품고 하나님의 말씀으로 기도한 것입니다."

그곳에 모인 사람들은 모두 감격의 눈물을 흘렸다. 어른들이 그렇게 많이 우는 것은 흔한 일이 아니었다.

> 기도의 응답은 너무 늦거나 너무 작거나 할 수 없다.

자, 이제 솔직하게 말해 보자. 우리 자녀들은 우리가 그들을 위하여 하는 일들을 그 순간에는 별로 감사하게 생각하지 않는다. 우리도 우리 부모님의 희생을 별로 감사하지 않았던 것처럼 말이다. 우리가 비로소 우리의 자녀를 갖게 되었을 때 비로소 우리 부모님의 희생을 깨닫게 되지 않았는가?

기도의 원을 그리는 것이 별로 효과가 없어 보여도 실망하지 말라. 기도의 원을 그리는 것은 반드시 변화를 가져올 것이다. 또한 기도의 효과가 너무 작거나 너무 늦다고 생각할 수도 있다. 그러나 기도의 응답은 너무 늦거나 너무 작거나 할 수 없다. 하나님의 기도의 응답은 가장 적합할 때 가장 적절한 크기로 다가온다.

어쩌면 당신은, 자녀들이 벌써 성장했기 때문에 더 이상 기회가 남아 있지 않다고 느낄지 모른다. 자녀들이 이미 커 버렸다면, 당신은 당신의 손자손녀를 위해서 기도할 수 있을 것이다.

하나님께 실망하지 않기

내 친구 존과 하이디는 내 기도의 동역자들이다. 그들 부부가 다른 사람들을 위하여 기도할 때마다 많은 부분이 놀랍도록 응답을 받았다. 그런데 정작 그들 자신은 하나님의 기도응답을 전혀 받지 못하는 것처럼 보였다.

그들은 영화산업에 믿음으로 뛰어들었지만, 약속된 대로 투자가 이루어지지 않아 전 재산을 날려야 했다. 집에 불이 나서 이사를 해야 했고, 양가의 부모님들 중 세 분이 지난 3년 사이에 돌아가셨다. 가족 중 한 명이 희귀한 유전병으로 인해 가족들 사이에 큰 어려움을 안겨 주기도 했다. 마치 하나님께서 그들 가족을 위한 기도에만 응답하시지 않은 것처럼 보였다.

포기하고 싶은 순간이 한두 번이 아니었다. 그러나 너무나 힘든 순간마다 우리 주님의 약속의 말씀이 그들을 지탱해 주었다.

> "누구든지 나로 말미암아 실족하지 아니하는 자는 복이 있도다" 눅 7:23

예수님은 많은 곳을 다니시며 기적을 행하셨다. 그는 질병을 치유하셨고, 귀신을 쫓아내셨으며, 맹인들의 눈을 뜨게 하셨다. 그러나 세례 요한은 그 기적의 열차에 탑승하지 못했다. 예수님은 감옥에 있는 그의 가장 충실한 추종자인 세례 요한만 빼놓고 다른 모든 사람들을 구출하시는 것 같았다. 게다가 요한은 예수님의 사촌이었다! 예수님은 요한을 감옥에서 구출하는 작전을 세우셔서 그가 참수당하기 전에 그를 빼내 오실 수 있었을 것이다. 어쩌면 그래야만 했을 수도 있다. 그러나 예수님은 그렇게 하지 않으시고 요한의 제자들을 통해 그에게 메시지를 전하셨다. 예수님은 가서 요한에게 그가 행하시는 모든 기적들에 대해 말하라고 하시면서, 이 약속의 말씀을 전하라고 하셨다.

> "누구든지 나로 말미암아 실족하지 아니하는 자는 복이 있도다." 눅 7:23

당신은 하나님께서 다른 모든 사람들에게는 기적을 베푸시고 기도에도 빨리 응답하시는데, 오로지 당신에게만은 침묵하고 계시는 것과 같은 느낌을 받은 적이 있는가? 그 하나님께서 다른 모든 사람들에게는 약속을 지키시는데, 당신과 당신의 가족만 거기서 제외된 것 같은가? 나는 세례 요한도 그렇

> "내가 기도하지 않는 기도의 100%는 응답되지 않는다."

게 느끼지 않았을까 궁금하다. 더욱이 그는 가족이었지 않은가!

하나님이 당신의 기도만 빼놓고 다른 모든 사람들의 기도에만 응답하시는 것 같을 때, 당신은 어떻게 하는가? 내 친구는 이렇게 말했다.

"우리는 하나님 때문에 상처받지 않으려고 애썼습니다. 예수님은 그분이 다른 사람들에게 하시는 일 때문에 우리가 상처받지 않으면 복되다고 약속하셨습니다. 그리고 만일 그가 다른 사람들을 위하여 하신다면, 우리를 위해서도 언젠가는 하실 것이라고 생각합니다. 그래서 우리는 여전히 기도합니다. 우리가 기도하면 하나님께서 언젠가는 하실 것이지만, 우리가 기도하지 않는다면, 기도하지 않는 기도의 100%가 응답되지 않을 것이기 때문입니다."

나는 기도에 대한 이런 접근 방법, 삶에 대한 이런 접근 방식이 좋다.

"내가 기도하지 않는 기도의 100%는 응답되지 않는다."

하이퍼링크

존과 하이디가 직면했던 한 가지 어려움은 그들의 아들이었다. 극히 정상이었던 아이가 갑자기 아무런 이유도 없이 모든 의사소통 기능을 상실해 버렸다. 그들은 그가 다시 말을 할 수 있을지조차 걱정이 되었다. 고기능 자폐증high functioning autism을 비롯하여 아들에 관한 다양한 진단이 나왔다. 그들은 무릎을 꿇을 수밖에 없었다. 너무나 어렵고 힘든 시기에 그들은 목사님을 찾아갔다. 하나님께서 그때 그 목사님을 통하여 이사야 59장 21절 말씀을 주셨다.

> "여호와께서 이르시되 내가 그들과 세운 나의 언약이 이러하니 곧 네 위에 있는 나의 영과 네 입에 둔 나의 말이 이제부터 영원하도록 네 입에서와 네 후손의 입에서와 네 후손의 후손의 입에서 떠나지 아니하리라 하시니라 여호와의 말씀이니라" 사 59:21

목사님은 성경을 덮으면서 이렇게 말했다.

"이 약속이 문제를 해결할 것이고, 당신들의 아이는 다시 말하게 될 것입니다."

지난 10년 동안 그들은 그 약속의 말씀을 붙들고 기도했다. 그들은 이렇게 말했다.

"그 순간에 절망의 벽이 무너져 내렸고 약속의 말씀이 밀려들어 왔다."

그들 생애에서 가장 초자연적인 경험을 하는 순간이었다. 그때 이후로 모든 것이 순조로웠을까? 아니다. 그들은 또 절망을 경험해야 했다. 그들은 말한다.

"하나님이 우리에게 약속의 말씀을 주셨습니다. 우리가 그 말씀에 기도의 원을 몇 번 그리는가는 상관이 없습니다. 그 문제는 이미 해결되었습니다."

어느 날 저녁, 아내와 나는 그들 부부와 저녁 식사를 했다. 대화의 핵심이 무엇이었을까? 그들의 아들이 학교 성적표를 가져왔는데 평점이 4.0이었다고 한다. 나는 너무나 기뻤다. 그들이 10년도 넘게 아들을 위해 기도해 왔던, 그 약속의 말씀이 이제 성취되기 시작하는 것이라는 믿음이 왔다.

Chapter 10

일곱 번째 원 :
기도의 축복이 후손에게 흐르게 하기

"그의 하나님 여호와께서
다윗을 위하여 예루살렘에서 그에게 등불을 주시되
그의 아들을 세워 뒤를 잇게 하사
예루살렘을 견고하게 하셨으니" 왕상 15:4

열왕기상 15장 4절의 말씀이 선포될 때 다윗은 죽은 지 86년이나 지났다. 다윗은 벌써 기억 속의 인물이 되어 있는 상태였다. 다윗의 묘비에 새겨진 글자들은 이미 희미해졌지만, 다윗의 남긴 유산은 살아 있고 잘 유지되고 있었다. 다윗이 죽은 지 80년도 더 지났지만, 하나님은 다윗의 4대손 아사를 세워 유다의 왕이 되게 하셨다.

왜 그렇게 하셨을까? 다윗 때문이다. 다윗의 영향력은 4세대가 지난 후까지 여전했고, 그의 유산은 후손들이 왕국을 세워나가는 중요한 기반이 되었다.

4세대가 지나도 하나님의 축복이 흔들리지 않도록 믿음의 강한 기초를 놓는 것, 그것이 우리 부모들의 역할이다. 우리 각자가 하나님께 순종함으로써 하나님의 축복을 받는 것이지만, 내가 받는 축복이 다 내가 뿌린 씨는 아니다. 그것은 우리가 태어나기도 전에 우리의 부모님들, 할아버지 할머니, 혹은 증조할아버지 할머니가 믿음의 씨앗을 뿌려 놓은 결과일 수도 있다는 것이다.

다윗 왕과 비교할 수는 없지만, 나는 하나님께서 마크 때문에 배터슨의 4세대에게 복을 주실 것이라고 믿는다. 당신도 당신 때문에 당신의 후손들이 축복을 받을 수 있도록 할 수 있다! 하나님께서는 우리 자녀들을 우리가 상상할 수 없는 방법으로 사용하기를 원하신다. 그들은 우리가 다져 놓은 믿음의 터전 위에 있기 때문에, 우리보다 더 크고 더 먼 비전을 가져야 한다. 모든 세대는 그 다음 세대가 더 큰 것을 이룰 수 있도록 돕는 위치로 부르심을 받았다.

당신의 기도의 역사를 자녀들이 볼 수 있도록 하라

요즘 사람들은 평생의 신실함보다 15분 동안의 평판을 더 중시한다. 또한 우리의 조상들에 대해서는 잘 모르면서 유명

연예인들에 대해서는 너무나 잘 알고 있다. 4대조 할아버지 할머니에 대해서 아는 사람은 거의 없다. 그들의 이름조차 모르는 경우가 허다하다!

나는 그래서 책을 쓴다. 나의 4대 손주들이 내가 생각했던 것, 내가 기도했던 것, 그리고 내가 믿었던 것이 무엇인지를 정확히 알기 원한다. 그리고 내 책이 여전히 출판되고 있는 한, 그들은 나의 마음과 나의 가슴, 나의 영혼을 들여다볼 수 있는 창문을 갖게 될 것이다. 비록 당신이 작가가 아니라 할지라도, 나는 모든 부모들이 그들의 자녀들에게 자서전을 남겨주어야 한다고 생각한다. 그것이 《리더스 다이제스트》Reader's Digest에 실릴 정도의 것일 수도 있겠지만, 그렇지 않을지라도 당신은 후손들에게 당신의 기도의 역사를 물려줄 수 있다. 만일 당신이 책을 쓸 수 없다면 편지라도 써라.

미국의 6대 대통령 존 퀸시 아담스가 바로 그렇게 했다. 아담스는 탁월한 정치인 그 이상이었다. 그는 그리스도께 헌신된 종이었다. 조지 워싱턴은 말하기를, 대사로서 아담스는 '우리의 가장 중요한 공적 인물'이라고 했다. 제임스 먼로 행정부에서 국무장관으로 일한 것 외에도 그는 대통령을 지내기 전과 지낸 후에 의회에서 일한 유일한 사람이기도 하다. 그런데 대부분의 사람들이 아담스가 성경을 열심히 공부했다는 사

> 하나님의 축복은
> 덧셈이 아니다.
> 곱셈이다!

실을 잘 알지 못한다. 그는 매년 한 번씩 성경을 통독했다. 외교관으로 해외에서 근무하는 동안, 아담스는 막내 아들 찰스에게 성경을 어떻게 공부하는지 가르쳐 주어야겠다는 생각을 했다. 그래서 1811년부터 1813년 사이에 찰스에게 어떻게 성경을 공부해야 하는지 가르치는 아홉 통의 편지를 썼다. 그 편지들은 1848년에 책으로 출판되었다.

아내와 나는 우리 아이들에게 금전적인 재산을 남겨 주기를 원하지만, 그것보다 더욱 영적 축복을 물려주기 원한다. 나는 우리의 믿음으로 인하여 우리 자녀들에게 세대를 잇는 축복이 전해질 것이라고 믿는다. 만일 우리 자녀들이 믿음 안에 거하지 않는다면, 그 모든 축복의 씨앗은 사라질 것이다. 그러나 그들이 아버지의 믿음의 발자취를 따르기로 선택한다면, 그 축복이 그들의 전 생애에 걸쳐서 이루어질 것이다. 자신이 행한 순종보다 더 크고 놀라운 축복이 자신들의 삶에 끊임없이 나타날 것이다. 하나님의 축복은 덧셈이 아니다. 곱셈이다!

자녀이기에 무조건적인 사랑을
베푸시는 하나님

성경이 자녀들을 축복하는 공식을 우리에게 알려 주지는 않지만, 예수께서 세례받는 모습 속에서 우리는 그것을 미루어 짐작할 수 있다. 그가 세례 받으시는 모습을 지켜보았던 사람들은 하늘의 아버지께서 말씀하시는 목소리를 들었다.

"이는 내 사랑하는 아들이요 내 기뻐하는 자니" 마 17:5

불경스러운 말처럼 들릴지 모르지만, 예수님은 그 시점까지 별로 하신 일 없이 서른 살이 되셨다! 아무런 기적도 없었다. 비유로 가르치신 적도 없었다. 그런데도 그에 대한 하나님의 추천사는 최상급이었다. 아버지께서는 '순종'이라는 작은 행동을 기뻐하셨던 것이다.

우리는 우리 아이들에 대해서 감당할 수 없는 기대를 가질 때가 있다. 아이들이 걸음마라도 시작하게 되면, 세상에서 제일 빨리, 그리고 제일 잘 걷는 천재 아이로 생각한다. 그러다가 점점 우리는 우리 아이들이 어떻게 하는가를 보고, 그 다음에 축복하려는 실수를 저지르기도 한다.

> 하나님은 우리를 완전하게 사랑하신다.

아버지된 나는 자녀들에 대해서 세 가지 꿈을 꾸고 있다.

첫째, 나는 우리 아이들이 어떠할지라도 내가 그들을 사랑한다는 것을 알기 원한다. 그들이 무엇을 하든 상관없다. 그들이 어떤 위치에 있든 상관없다. 나는 그들이 나의 아이이기 때문에 무조건적으로 사랑한다.

하늘에 계신 우리 아버지의 사랑은 무조건적이다. 다시 말해서 하나님은 우리가 무슨 일을 한다고 해서 우리를 더 사랑하시고, 우리가 어떤 일을 안 한다고 해서 우리를 덜 사랑하시는 분이 아니라는 것이다. 하나님은 우리를 완전하게 사랑하신다. 우리는 그렇게 할 수 없지만, 하늘 아버지께서는 우리를 완전하게 그리고 무조건적으로 사랑하신다. 그것이 우리에게 정하신 기준이다. 하나님은 우리의 행동 때문에 축복하시는 것이 아니라, 관계 때문에 우리를 축복하신다.

둘째, 나는 우리 아이들이 내가 그들을 기뻐한다는 것을 알기 원한다. 그들이 우리를 자랑스럽게 하며, 우리를 미소짓게 하고, 우리를 행복하게 한다는 것을 우리의 아이들이 알기를 원한다.

셋째, 나는 우리 아이들이 내가 그들을 위하여 있다는 것을 알기 원한다. 그것은 그들이 언제든지 무슨 이유로든지 내 휴대전화에 전화를 하면 내가 받는다는 것을 의미한다. 그것은 내가 내키지 않더라도 그들의 운전사 노릇을 한다는 것을 의미한다. 또한 그들을 위해 기도하기 위해 일찍 일어난다는 것을 의미하며, 그들이 늦게 집에 돌아오면 밤늦게까지 기다린다는 것을 의미한다.

세대를 잇는 축복

야곱은 모범적인 아버지는 아니었다. 요셉을 너무 편애해서 다른 형제들의 질투를 불러일으켰다. 그것이 결국은 형제들이 요셉의 죽음을 날조하게 만들었다. 문제 가정이라고 할 만하지 않은가?

그러나 아버지로서 수많은 실수를 저질렀음에도 불구하고, 야곱은 할아버지로서는 강한 모습을 보인다. 잘못된 것을 바로잡을 수 있는 두 번째 기회가 바로 할아버지 할머니 때 온다. 이것이 할아버지 할머니로서 할 수 있는 최고의 기회이다. 생애의 마지막에 이르러, 야곱은 자녀들 각자에게 예언적 유언을 남긴다. 사실 그 중 몇 가지는 저주와도 같았다! 그는 그들 중 하나를 '독사'라고 불렀으며, 또 다른 아들을 '물어뜯는 이리'라고 하였다. 사실, 그것이 그들의 모습이었다. 그들은 동생을 노예로 팔았던 자들이었다.

성품은 하나님의 축복의 자물쇠를 여는 비밀번호이다. 당신의 자녀들이 더 좋은 성품을 가질수록, 하나님은 그들을 더 많이 축복하실 것이다. 그 축복을 받아 누릴 수 있는 그릇이 바로 성품이기 때문이다.

야곱이 선포했던 그 축복들 중에 어떤 것들은 이해하기 힘든 부분도 있지만, 자손을 향한 야곱의 그 축복은 부모들을 위한 전례가 되고 있다. 특별히 요셉을 향한 축복은 축복의 원형처럼 여겨지고 있다. 우리 자녀들은 부모로부터 온전한 축복을 받게 되기를 원한다고 생각한다. 그것이 없다면 자녀들은 뭔가 채워지지 못한 불만족의 느낌으로 살게 될 것이다. 창세기 49장 22-26절의 요셉에게 주어진 세대를 잇는 축복을 보라.

> "요셉은 무성한 가지 곧 샘 곁의 무성한 가지라
> 그 가지가 담을 넘었도다
> 활 쏘는 자가 그를 학대하며
> 적개심을 가지고 그를 쏘았으나
> 요셉의 활은 도리어 굳세며

그의 팔은 힘이 있으니
이는 야곱의 전능자
이스라엘의 반석인 목자의 손을 힘입음이라
네 아버지의 하나님께로 말미암나니
그가 너를 도우실 것이요
전능자로 말미암나니
그가 네게 복을 주실 것이라
위로 하늘의 복과
아래로 깊은 샘의 복과
젖먹이는 복과
태의 복이리로다
네 아버지의 축복이
내 선조의 축복보다 나아서
영원한 산이 한 없음 같이
이 축복이 요셉의 머리로 돌아오며
그 형제 중 뛰어난 자의
정수리로 돌아오리로다" 창 49:22-26

  세대를 잇는 축복은 오직 부모에게서 자녀에게로 전해지는 어떤 것이다. 단회적인 것이 아니라 연속적이고 지속적이다. 그 축복은 태어나서 죽는 날까지 날마다 조금씩 전해진다.

  그런데 그 과정에는 최후의 축복이나 야곱의 유언처럼 명백하게 구별되는 순간들도 있다. 결정적인 순간에 내려지는 부

> 우리는 기도한 것을 잊어버리곤 하지만, 하나님은 결코 잊지 않으신다.

모의 축복은 삶의 단계와 단계를 잇는 다리가 되어 주기도 한다. 자녀들이 십대가 되고, 고등학교를 졸업하고, 결혼을 할 때는 삶의 분수령이 되는 순간들이다. 그때마다 부모들은 축복으로 그들과 함께 한걸음 더 올라가야 한다. 축복은 암묵적인 승인이나 뒷전에서 얼떨결에 이루어지는 것과는 다르다. 그것은 영적 권위의 전달이다. 그것은 우리 자녀들에 대한 우리의 믿음을 표현하는 것이다. 축복은 우리가 그들의 삶의 한 부분에 들어가는 길이며 그들을 영적으로 지원하는 방법이다.

그들이 실수하지 않을까? 물론 실수할 수 있다. 그들은 우리가 넘겨주는 기회들을 잘못 사용하지 않을까? 그것 또한 의심의 여지가 없이 '그렇다'. 그러나 우리의 자녀들도 우리가 했던 것과 같은 방식으로 배워야 한다. 바로 실수를 통해서이다. 만일 그들이 같은 실수를 여러 번 반복해서 저지른다면 부모의 개입이 필요하다. 그러나 우리의 아이들은 하나님이 그들을 일으켜 세우시고 넘어뜨리신다는 것을 배워야 한다. 그들은 하나님의 축복을 어떻게 그들의 두 손에 담아야 하는지를 스스로 터득해야 한다.

기도의 유산

사도행전 10장은 교회의 역사에 있어서 매우 의미 있는 전환점에 초점을 맞추고 있다. 그 시점까지 기독교는 유대교의 한 분파였다. 최초의 이방인 회심자는 이탈리아 부대의 고넬료라는 백부장이었다. 그리고 나는 단 한 줄의 언급에서 고넬료에 관하여 내가 알고 싶은 모든 것을 알 수 있었다. 그는 '하나님께 항상 규칙적으로 기도' 하였다 행 10:2. 당신이 하나님께 규칙적으로 기도하면, 불규칙적인 일들이 규칙적으로 일어나게 된다. 그리고 실제로 그런 일이 일어났다. 두 번의 환상에 의하여 하나님이 인도하신 만남으로 이어졌고, 그 결과로 고넬료와 그의 집안이 구원을 얻게 되었다. 그리고 구원의 문은 누구에게나 열려지게 되었다. 만일 당신이 이방인이라면, 당신의 영적 계보는 고넬료에게까지 거슬러 올라갈 수 있다. 만일 그가 구원받지 못했더라면, 당신도 구원받지 못했을 것이다. 사도행전 10장 4절에 있는 의미심장한 한 구절로 돌아가 보자.

> "네 기도와 구제가 하나님 앞에 상달되어 기억하신 바가 되었으니" 행 10:4

우리는 기도한 것을 잊어버리곤 하지만, 하나님은 결코 잊지 않으신다. 모든 기도는 기념할 만한 것이다. 국가의 수도에 산재해 있는 기념물들처럼, 우리의 기도들은 하나님께는 링컨 기념관이며 워싱턴 기념관이 되는 것이다. 평생 동안 나를 뒤따르는 할아버지의 기도처럼, 하나님의 축복은 기다란 자국을 남기며 평생 동안 우리를 뒤따를 것이다. 그 품질보증서는 4세대가 지난 후에도 여전히 유효하다.

출애굽기 20장 6절의 약속에 따르면, 하나님의 축복은 '천 세대'까지 보장된다. 때때로 우리가 물려받는 축복들은 우리가 행한 일의 결과가 아닐 때가 많다. 몇 세대 이전에 살았던 누군가의 신실함과 순종에서 비롯된 것일 때가 많다. 그들의 신실함과 하나님을 향한 순종이 수십 년 후에 세대를 잇는 '축복'이라는 결과를 낳은 것이다.

나는 내 운명이 나의 부모님과 할아버지 할머니의 유산에 불가분하게 연결되어 있다는 것을 깨달았다. 그리고 내 유산은 자녀들과 손주들, 그리고 증손자들의 운명에 영향을 미칠 것이다.

당신의 가족이 하나님 앞에서 신실하게 살아오지 않았다면, 이런 소식이 당신에게는 반갑지 않을 수도 있을 것이다. 그러나 그것 때문에 걱정할 필요는 없다. 당신이 하나님의 자녀라면, 세대를 이어오는 저주는 모두 끊어졌기 때문이다. 그러나 당신은 적어도 당신 부모들이 했던 실수를 반복하지 말아야 한다. 아사를 보라. 그는 그의 아버지와는 달리, 고조할아버지 다윗을 따라 여호와의 보시기에 정직하게 행하였다.

우리 각자는 조상들로부터 유산을 물려받는데, 그것은 태어나면서부터 갖게 되는 하나의 권리이다. 그리고 우리는 우리 후손들에게 유산을 남기게 되는데, 그것은 우리가 그들을 위하여 남기는 상속물의 일부분이다. 다윗은 자신의 세대를 향한 여호와의 목적에 따라 신실하게 그분을 섬긴 것이었지만, 사실 그 이상이었다. 그는 자신의 세대를 섬긴 동시에 앞으로 올 세대를 위한 유산을 남긴 것이었다.

천 세대

야곱은 잘못된 일을 많이 했는데, 한 가지 잘한 일을 꼽자면 자녀들에 대한 축복의 선포이다. 그의 선포는 천 세대를 잇는 축복이 되었다. 1899년 《하퍼스 매거진》Harper's Magazine에 마크 트웨인Mark Twain은 아주 독특한 글을 실었다.

만일 통계 수치가 맞는다면, 유태인은 인류의 1%에 지나지 않는다. 다시 말해서 그들의 존재는 혹 불면 우주의 먼지가 되어 은하수 속으로 사라져 버릴 만하다. 귀 기울이지 않으면 그들의 목소리는 들리지 않을 정도이다. 그러나 그들의 목소리는 언제나 분명했었다. 역사 속에서 언제나 그들의 목소리는 분명하게 들렸었다. 그들은 지구상의 다른 어느 민족보다 탁월하다. 특별히 그들의 비지니스 실력은 그들의 작은 키와 반비례한다. 문학, 과학, 예술, 음악, 금융, 의학, 그리고 학문의 세계에서 그들이 배출한 위인들은 엄청나다.

그들은 시대마다 놀라운 싸움을 싸웠는데, 언제나 그들의 손은 뒤로 묶여 있었다. 그들은 이 지구상에서 사라질 수 있었다. 이집트Egyptian, 바벨론Babylonian, 그리고 페르시아Persian가 일어나서 큰소리와 광채로 이 지구를 덮었으나 그들은 봄날의 꿈처럼 사라졌다. 그리스Greek와 로마Roman가 그 뒤를 이었으나 그들 역시 사라졌다. 다른 민족들도 나타나 한 때 자신들의 횃불을 높이 치켜들었으나, 그들의 횃불이 다 타 버린 지금 그들은 황혼을 바라보며 앉아 있거나 완전히 소멸되었다.

유태인들은 그들 모두를 보았고, 모두를 이겼으며, 지금은 언제나 그랬던 것처럼 쇠퇴하지 않고, 노쇠하지 않고, 어느 한 부분도 부러지지 않고, 활력이 느려지지 않고 적극적인 마음이 무뎌지지 않았음을 보여주고 있다. 모든 것이 사라졌지만, 유태인만은 그렇지 않다. 다른 모든 세력들은 왔다가 떠나지만, 유태인은 남는다. 비밀은 무엇인가?

트웨인은 질문을 던졌다. '비밀은 무엇인가?' 그것을 설명할 수 있는 유일한 것은, 아브라함과 이삭과 야곱에게까지 거슬러 올라가는 '축복'이라고 나는 믿는다.

선교를 향한 큰마음

나의 장인어른 밥 슈미드걸은 내가 아는 누구보다 선교를 향한 큰마음을 가진 분이었다. 그는 일리노이 주의 네이퍼빌에 있는 갈보리교회에서 30년 넘게 목회했다. 그가 사역하는 동안 그의 영향력은 세계 곳곳으로 퍼졌다. 오랫동안 갈보리교회는 1만 명의 성도가 넘는, 그 교단에서 가장 선교에 열심인 교회였다.

그의 삶이 선교에 드려졌었기에, 그의 죽음도 역시 선교에 드려져야 할 것처럼 생각되었다. 그래서였을까? 그분의 장례식에 참석했던 사람들은 꽃을 드리지 않고 선교헌금을 드렸다. 그리고 그분의 장례식 1년 후 우리 가족은 에티오피아로 날아가 장인이 설립을 도왔던 한 교회를 방문하였다. 우리는 그 교회의 목사님께 장례식 때 모아진 돈을 전달했다. 그 순간을 나는 평생 잊지 못할 것이다. 장인어른이 돌아가신 지 1년이 지난 그 시점에서도 그분은 우리가 서 있는 그 자리에서 여전히 선교를 돕고 있었던 것이다. 그분이 걸어갔던 길은 그의 유산이 되었다. 그리고 그 유산은 돈보다 훨씬 큰 것이었다.

내 처남이며 우리 교회의 행정 목사인 조엘 슈미드걸은 아버지의 유산 속에 살고 있다. 아버지의 선교를 향한 마음을 물려받은 그는 내셔널커뮤니티교회에서 선교 사역을 이끌고 있다. 작년에 25회의 단기선교를 다녀왔는데, 언젠가는 52회의 단기선교를 하게 될 꿈을 꾸고 있다. 우리는 또한 작년에 백만 달러 이상을 선교를 위하여 지출했다. 그리고 비전 2020년을 향한 미래의 선교전략은 매년 2백만 달러를 선교비로 지출하는 것을 목표로 하고 있다. 이것이 우리 교회가 가야 할 길이다. 그러나 그것은 또한 우리 가족의 유산이기도 하다. 그 유산은 우리가 가야 할 길이다.

당신의 그릇만큼 축복하신다

말라기 3장 9-12절에서 여호와께서 말씀하셨다.

"너희 곧 온 나라가 나의 것을 도둑질하였으므로 너희가

> 저주를 받았느니라 만군의 여호와가 이르노라 너희의 온전한 십일조를 창고에 들여 나의 집에 양식이 있게 하고 그것으로 나를 시험하여 내가 하늘 문을 열고 너희에게 복을 쌓을 곳이 없도록 붓지 아니하나 보라 만군의 여호와가 이르노라 내가 너희를 위하여 메뚜기를 금하여 너희 토지 소산을 먹어 없애지 못하게 하며 너희 밭의 포도나무 열매가 기한 전에 떨어지지 않게 하리니 너희 땅이 아름다워지므로 모든 이방인들이 너희를 복되다 하리라 만군의 여호와의 말이니라"
> 말 3:9-12

이 구절은 하나님의 마음을 잘 드러내 준다. 하나님은 당신이 담을 수 있는 그릇보다 더 많이 축복하기 원하신다. 그러나 다른 부모들처럼, 그분께서는 당신이 관리할 수 있는 분량보다 더 많이 부어 주시지는 않을 것이다. 축복의 현명한 청지기가 될 만한 성숙함을 가지고 있지 않다면, 그 축복은 사실 저주로 변하고 말기 때문이다.

우리 아이들이 어렸을 때, 생일이 되면 '척 치즈' Chuck E. Cheeses 패밀리레스토랑에 가곤 했다. 아이들이 거칠게 뛰고 게임을 하는 동안 대부분의 부모들은 약간 긴장하며 그들을 지켜보고 있다.

나는 파커에게 몇 개의 게임토큰이 필요한 지 물었다. 나는 그 아이가 세 자리 수로 말할 것이라고 생각했지만, 파커의 대답은 의외였다.

"다섯 개요."

나는 그 아이가 그렇게 적게 요구한다는 것을 믿을 수 없었다. 내가 그렇게 가난하거나 인색하다고 생각한 것일까? 어쨌든 나는 그에게 더 많이 주기로 작정했다.

"파커, 토큰 다섯 개 줄까? 여섯 개 줄까?"

"여섯 개."

"여섯 개 줄까? 일곱 개 줄까?"

"일곱 개."

"일곱 개 줄까? 여덟 개 줄까?"

"여덟 개."

그런 식으로 해서 우리는 열 개까지 도달했다.

내가 또 말했다.

"열 개 줄까? 열한 개 줄까?"

"열 개."

나는 그가 왜 열 개에서 멈췄는지 도무지 알 수 없었다. 어쩌면 손가락이 모자랐는지도 모르겠다. 나는 그에게 열한 개를 줄 수도 있었지만, 그의 분량은 내가 그를 축복할 수 있는 분량보다 적었다.

하나님은 언제나 우리를 더 큰 축복의 장소로 데려가려 하신다. 그는 우리가 받을 자격이 없는 것까지도 주려고 하신다. 그는 우리가 담을 수 있는 능력보다 더 많이 축복하기 원하신다. 그러나 우리 대부분은 토큰 열 개 이상을 마음속에 그리지 못한다.

> 하나님은 언제나 우리를 더 큰 축복의 장소로 데려가려 하신다.

어떻게 하나님의 축복을 경험할 수 있을까? 그에게 순종하는 삶을 사는 것이다. 그리고 우리를 축복하시는 하나님의 능력에 아무런 제한을 두지 않는 것이다. 우리는 때때로 하나님의 능력을 제한하는 실수를 저지른다. 또한 이기심으로 하나님의 축복을 구하기도 한다. 하나님의 사랑이 너무나 커서 우리는 그분 앞에서 자칫 응석받이가 될 수도 있다. 그러나 겸손하고 감사하는 마음을 갖는다면, 하나님은 당신을 축복하시기를 즐겨하실 것이다. 그리고 당신이 그 축복을 통하여 다른 사람을 축복한다면, 당신을 향한 하나님의 축복은 끊이지 않을 것이다.

기도 가계도

조나단 에드워즈만큼 미국에 큰 영향력을 끼친 사람도 없을 것이다. 그는 미국 사회를 개선시켰다. 그는 신학적 천재였을 뿐만 아니라 사회적으로도 남부러울 것이 없는 영재였다. 열두 살에 예일대학에 입학했고, 1758년에 죽을 때까지 프린스턴대학Princeton University의 총장으로 봉직했다. 그리고 십여 권의 책을 쓴 작가이기도 하다. 에드워즈는 세 명의 아들과 여덟 명의 딸의 헌신된 아버지였다.

1900년에 윈섭A. E. Winsup은 에드워즈의 가계도를 연구했다. 그의 후손들 중에는 300명의 설교자와 100명의 변호사, 65명의 교수, 56명의 의사, 30명의 판사, 13명의 작가, 13명의 대학 총장, 세 명의 미국 상원의원, 그리고 한 명의 부통령이 있었다.

그는 시간이 날 때마다 자녀들과 함께했다. 편안한 의자에 앉아서 편안하게 대화를 나누었다. 그리고 밤마다 그들을 위한 축복 기도를 했다. 에드워즈가 그의 계보에 남긴 위대한 유산은 우연한 행운이 아니었다. 그것은 축복의 층 위에 또 다른 축복의 층이 쌓인 결과였다. 그것은 하나님께 드리는 개인적인 경건의 시간으로 시작되었는데, 그것이야말로 언제나 축복이 시작되는 곳이다. 하나님께 드리는 당신의 경건의 시간은 기초를 놓고, 당신의 자녀들이 그 위에 건물을 세우도록 기준을 세울 것이다.

1723년 1월 12일, 조나단 에드워즈는 자신을 하나님께 드리는 서약서를 작성했다. 그는 일기장에 서원을 기록했다.

나는 나 자신을 하나님께 드리기로 엄숙히 선언하고 여기에 그것을 기록한다. 나 자신을 포함하여 내가 가진 모든 것을 하나님께 드린다. 앞으로도 마찬가지이다. 나는 아무것도 가지지 않을 것이다. 나는 그분에게 아무것도 요구하지 않을 것이다. 그리고 엄숙히 맹세하건대 나는 하나님만을 나의 전부와 최고의 행복으로 여길 것이다. 조금이라도 나의 행복을 위하여 다른 것을 바라보지 않을 것이며, 행동하지도 않을 것이다.

I made a solemn dedication of myself to God, and wrote it down; giving up myself, and all that I had to God; to be for the future, in no respect, my own; to act as one that had no right to himself, in any respect. And solemnly vowed, to take God for my whole portion and felicity; looking on nothing else, as any part of my happiness, nor acting as if it were.

Chapter 11

훈육의 기회

"오늘 내가 네게 명하는 이 말씀을
너는 마음에 새기고
네 자녀에게 부지런히 가르치며
집에 앉았을 때에든지 길을 갈 때에든지
누워 있을 때에든지 일어날 때에든지
이 말씀을 강론할 것이며" 신 6:6-7

《놀라운 만짐》*A Touch of Wonder* 이라는 회고록에서, 아서 고든Arthur Gordon은 어린 시절의 한 사건에 대해서 말한다. 소년이었을 때, 그의 가족은 바닷가의 오두막에서 여름휴가를 보내곤 했다. 어느 늦은 밤에 아서가 잠이 들었을 때, 그의 아버지가 그를 안고 바닷가로 갔다. 그리고 아서에게 밤하늘의 별들을 보라고 말했다. 그 때 유성 하나가 하늘을 가르며 떨어졌다. 그리고 또 하나가 뒤를 이었다. 다시 하나가 떨어졌다. 아버지는 8월의 어떤 밤에는 하늘이 불꽃놀이를 한다고 말했다. 60년이 지난 후, 그 밤은 아서 고든에게 있어서 가장 행복한 추억 가운데 하나가 되었다.

고든은 그날을 되새기면서 말했다. 어린 아이에게 있어서 새로운 경험을 하는 것이 방해받지 않고 하룻밤을 잘 자는 것보다 더 중요하다는 것이다. 고든은 이렇게 말했다.

"나는 많은 장난감을 가지고 있었지만, 그것들은 지금 모두 잊혀졌다. 내가 기억하는 것은 별이 쏟아지던 그 밤과, 기차의 승무원 칸에 탔던 날, 악어를 만져 보았던 순간, 그리고 전보 기계를 작동해 보았던 일이다."

당신의 아이들은 무엇을 기억할까? 자신의 어린 시절을 돌이켜보았을 때, 무엇을 제일 먼저 떠올릴 것인가? 그것은 당신이 그들에게 사 준 어떤 것들이 아닐 것이다. 당신이 그들과 함께했던 어떤 순간일 것이다.

아마도 그런 순간들은 미리 계획했던 것들은 아닐 것이다. 부모의 육감에 의하여 즉석에서 마련된 순간들일 것이다. 만일 당신이 그 순간들을 놓치지 않는다면, 아서 고든이 느꼈던 것과 같은 행복한 느낌을 자녀들에게 선물해 줄 수 있을 것이다.

자녀양육의 절반은 훌륭한 게임 계획을 세우는 것과 같다. 그리고 다른 절반은 기억할 만한 순간들을 만드는 것이다. 아서 고든은 추억을 잘 만들었던 아버지에 대해 이렇게 회상했다.

"아버지는 문을 열고 자녀들을 빛나는 새로움의 세계로 데려가는 놀라운 재능을 가지고 계셨다. 돈이나 집, 또는 재산이 아니라 감동과 감사, 살아 있다는 느낌과 즐거움이야말로 우리가 다음 세대에게 물려 줄 수 있는 매우 값진 유산이다."

나는 우리 아이들을 위하여 그런 새로움의 세계로 가는 문을 여는 아버지가 되고 싶다. 그들의 호기심을 유발하고, 그들의 모험심을 자극하기 원한다. 그리고 나는 그 모든 것을 여는 열쇠가 '기도'라고 확신한다.

자녀양육의 리듬

유태인의 토라 Torah에서 중심이 되는 것은 쉐마 Shema이다. 그것은 이렇게 시작된다.

> "이스라엘아 들으라 우리 하나님 여호와는 오직 유일한 여호와이시니 너는 마음을 다하고 뜻을 다하고 힘을 다하여 네 하나님 여호와를 사랑하라" 신 6:4-5

내셔널커뮤니티교회에서 헌아식 baby dedication을 할 때마다, 나는 그 아이가 '마음을 다하고 성품을 다하고 뜻을 다하고 힘을 다하여 하나님을 사랑'하며 성장하기를 위하여 기도한다. 예수님은 모든 율법을 이 하나의 지상명령으로 압축하셨다. 모든 부모는 자녀들이 운동도 잘하고 수학도 잘하고 음악도 잘하기를 바란다. 그러나 나는 우리 아이들이 어느 한 가지를 잘해야 한다면, 그들이 지상명령^{마 22:37-38}에 순종하기를 원한다. 그것이 정말 잘하는 것이기 때문이다.

이어서 쉐마는 초점을 부모에게로 옮긴다.

> "오늘 내가 네게 명하는 이 말씀을 너는 마음에 새기고 네 자녀에게 부지런히 가르치며 집에 앉았을 때에든지 길을 갈 때에든지 누워 있을 때에든지 일어날 때에든지 이 말씀을 강론할 것이며 너는 또 그것을 네 손목에 매어 기호를 삼으며 네 미간에 붙여 표로 삼고 또 네 집 문설주와 바깥 문에 기록할지니라" 신 6:6-9

어떤 때는 명백한 것이 눈에 잘 띄지 않는다. 쉐마가 그런 경우인 것 같다. 유대인에게 있어서 부모는 제사장이며 가정은 성전이다. 우리가 이것을 깨닫지 못하면 핵심을 놓치게 된다.

내가 쉐마에서 가장 좋아하는 것은 그것이 삶의 리듬에 맞춰져 있다는 것이다. 유태인들은 집에 드나들 때마다 '메이즈자' mezuzah라는 것을 지나치게 되는데, 그것은 22행의 쉐마가 기록된 양피지를 담아 놓은 작은 상자이다. 그것은 지상명령을 상기시키는 하나의 의례적 행위가 된다.

우리는 자녀들에게도 메이즈자가 필요하다. 매일 성경 구절을 문자로 보낸다거나 저녁 식탁에서 그들과 함께 기도할 수도 있을 것이다. 기도 생활을 쉽게 익히도록 하는 열쇠는 삶의 리듬을 따르는 것이다. 식사 시간과 잠자는 것이 가장 활용하기 좋을 수 있다. 아이들이 좀 컸다면, 저녁 귀가 시간을 활용할 수도 있겠다. 자녀들이 늦게 들어올 때 초조하게 기다리기보다 그 시간을 그들을 위하여 기도하는 시간의 창문으로 사용하라.

내 친구 조쉬와 저스틴 마요의 부모는 놀라운 분들이다. 그들은 수천 명의 사람들에게 영향을 끼쳤지만, 그들의 자녀들에게는 더욱 놀라운 영향을 주었다. 저스틴은 어느 날 저녁 늦게 귀가했는데, 그 때 부모님과 매우 의미 있는 대화를 나누었다고 한다. 자기가 집에 돌아올 때까지 부모님이 자기를 기다리고 있다는 사실은 그들을 책임감 있게 만들었다. 뿐만 아니라, 그들은 부모님이 자신을 사랑하고 있다는 사실을 확신했다. 그것은 그들이 세상의 삶에서 지쳐 연약해져 있을 때에, 세상 모든 사람들이 그들을 떠날 때에도 그들은 여전히 거기 있어 줄 것이라는 믿음을 갖게 하였다.

아이들에게 교훈할 수 있는 가장 좋은 시간은 아이들이 귀를 기울여 들을 수 있는 시간이다. 가장 분명한 시간은 잠자기 직전이다. 잠자기 전 시간과 식사 시간은 부모와 자녀가 대화의 시간으로 활용하기에 매우 좋은 시간이다. 또한 아이들의 운전수 노릇을 하는 것도 그들과 함께 귀중한 시간을 보내는 아주 좋은 기회가 될 것이다. 그리고 가족 경건의 시간 역시 좋은 소통의 시간이 될 것이다.

'만들기' 혹은 '깨뜨리기'의 순간

교훈의 순간을 포착하는 것은 자녀양육의 최상의 예술이다. 아이가 반항하거나 학교에서 왕따를 당했을 때, 처음으로 친구와 싸웠을 때, 그때가 바로 그들을 교훈할 수 있는 좋은 기회이다. 그런데 당신의 말로 웅변을 토하기 전에, 자녀들이 쏟아 내는 말들을 먼저 들어 주는 것이 필요하다.

아이들이 더 자라면 상황은 확연히 달라질 것이다. 당신은 원하지 않는 메시지나 이메일을 받게 될지도 모른다. 친구들의 모임에서 일어난 희한한 일들에 대해 누군가를 통해서 듣게 될 것이며, 그들의 옷장 속에 숨겨 놓은 콘돔을 발견하게 될 수도 있을 것이다. 그들이 갔다고 말했는데 가지 않았다는 사실을 알아차리기도 할 것이고, 그들이 함께 있었다고 하는 사람과 함께 있지 않았다는 사실을 알게 될 수도 있을 것이다.

> 당신의 말로 웅변을 토하기 전에, 자녀들이 쏟아 내는 말들을 먼저 들어 주는 것이 필요하다.

그런데 당신이 화를 폭발하기 전에, 그것들이 교훈의 순간이 될 수 있다는 점을 인식하라. 그것은 또한 부모로서 자녀들과 새로운 관계를 만드느냐 아니면 깨뜨리느냐의 순간이다. 그리고 기도는 그것을 분별하게 하는 열쇠가 될 것이다.

뇌간brainstem이 자리 잡고 있는 신경 집단을 망상활성체계 reticular activating system라고 한다. 우리는 우리의 주의를 끌기 위한 셀 수 없이 많은 자극들에 의하여 끊임없이 융단폭격을 당하고 있는데, 망상활성체계의 기능은 주의를 기울여야 할 것과 그렇지 말아야 할 것을 결정해 준다. 정신적 레이더 시스템처럼 망상활성체계는 삑 소리 내는 것을 잡아낸다.

망상활성체계는 왜 목표를 설정하는 것이 중요한지를 말해 준다. 그것은 카테고리를 형성하고, 그 목표를 달성하는 데 도움이 되는 모든 것을 인식하기 시작한다.

기도도 같은 이유에서 중요하다. 그것은 당신의 망상활성체계를 거룩하게 구별하여 하나님이 당신에게 알아차리기를 원하시는 것들에 주의를 기울이게 한다. 당신이 더 많이 기도하면, 더 많이 알아차리게 된다.

골로새서 4장 2절에서 깨어 있는 것과 기도에 힘쓰는 것이 함께 기록된 것은 우연이 아니다. '깨어 있다'는 것은 성벽 위에 앉아서 공격해 올지도 모르는 적이나 또는 무역상의 무리를 찾기 위하여 지평선을 감시해야 했던 고대의 파수꾼들에게 사용되었다. 그들은 다른 누구보다 빨리 그리고 멀리 보았다. 기도는 우리의 영적 눈을 열어서 우리가 더 빨리 그리고 더 멀리 볼 수 있게 한다.

부모들은 파수꾼이다. 만일 당신이 교훈의 순간을 찾아내고 싶다면, 열쇠는 깨어 기도하는 것이다. 기도는 우리를 최고의 부모가 되게 한다. 그것은 자녀들의 삶에서 최고의 순간들이 될 수 있는 교훈의 순간을 보고 붙잡도록 우리를 돕는다.

Chapter 12

기도하는 자가 **감당해야 할 것**

"보라 자식들은 여호와의 기업이요
태의 열매는 그의 상급이로다
젊은 자의 자식은 장사의 수중의 화살 같으니" 시 127:3-4

사람들은 하나님의 뜻을 행하는 것이 점점 더 쉬울 것이라고 생각한다. 그러나 하나님의 뜻은 점점 더 쉬워지는 것이 아니라 점점 더 어려워진다. 그것은 점점 간단해지는 것이 아니라 점점 복잡해진다. 그러나 나는 이 어려움과 복잡함이 하나님의 축복의 증거라고 믿는다. 그리고 그 복잡함이 하나님께로부터 온 것이기 때문에, 그것은 '거룩한 복잡함'이다.

당신은 이것을 '양면의 진실'이라는 관점에서 보아야 한다. 하나님의 축복은 단지 당신을 축복하기만 하는 것이 아니라, 당신의 삶을 복잡하게도 한다. 죄는 당신의 삶을 부정적으로 복잡하게 하며, 그래서는 안 되는 방향으로 복잡하게 한다. 그러나 하나님의 축복은 당신의 삶을 긍정적으로 복잡하게 하며, 꼭 그래야 되는 방향으로 복잡하게 한다.

아내와 내가 결혼했을 때, 그것은 우리의 삶을 복잡하게 만들었다. 우리의 삶이 복잡해지는 것으로 인해 하나님께 찬양을 드리자! 우리에게는 복잡함이 세 번이나 추가되었는데, 그 이름은 파커와 서머와 요시야이다. 지금 나는 이런 복잡함이 없는 내 삶을 상상할 수도 없다.

승진을 할 때마다 복잡함도 함께 온다. 당신의 수입이 증가하면 세금도 더 복잡해진다. 내가 하고 싶은 말은, 축복은 당신의 삶을 복잡하게 할 것이지만, 하나님이 원하시는 방법으로 복잡하게 한다는 것이다. 우리의 기도는 이것이다.

"주님, 우리의 삶을 복잡하게 해 주십시오!"

잠 못 이루는 밤들

내 삶에서 가장 길었던 밤은 파커가 아기였을 때 잠을 잘 수 없었던 밤들이었다. 파커는 배앓이 때문에 그칠 새 없이 울어대곤 했다. 첫 아이를 갖게 된 우리의 기쁨은 아주 빠르게 수면 박탈 상태로 대치되었다. 파커를 달랠 수 있는 유일한 방법은 욕조에 물을 틀어 놓는 것이었다. 나는 욕실에서 물을 틀고 몇 시간이나 파커를 안고 있었다. 수도 요금이 엄청나게 많이 나왔다. 수도사업소에서 무슨 실수를 했나 싶을 정도였다. 그런데 그것은 수도사업소에서 실수한 것이 아니라 원인은 그저 이유없이 울어대는 아기였다!

울음을 멈추지 않는 아기를 안아 본 적이 있는가? 기도를 멈출 수 없을 것이다. 우리가 할 수 있는 것은 그것뿐이다. 파커는 나로 하여금 가장 많은 기도를 하게 했던 사람이었다. 그런 이유로 나는 오히려 파커의 배앓이를 감사하게 생각한다. 또한 하나님께서 파커를 위대한 방법으로 사용하시리라 믿는다. 왜냐하면 그 아이는 나의 기도를 제일 많이 받은 사람이기 때문이다.

로라와 나는 파커가 울 때마다 그를 감싸안고 그 아이의 주변에 기도의 원을 그렸다. 때로는 긴 밤을 지새워야 했고 매우 긴 기도로 이어지기도 했지만, 지금 우리는 그때의 기도가 청소년의 파커에게 응답되고 있음을 보고 있다. 우리는 그 잠 못 이루던 밤들을 이 세상의 어느 것과도 바꾸지 않을 것이다.

때로 우리는 부모로서 낙심하게 될 때가 있다. 그럴 때 기도하라. 한 번의 기도가 대단한 능력을 발휘할 수도 있다. 당신의 한 번의 기도가 당신 아이의 삶을 바꿔 놓을 수도 있다는 사실을 기억하라! 한 번의 기도가 어떤 것이라도 바꿀 수 있다. 한 번의 기도가 모든 것을 바꿀 수 있다. 나는 이것을 경험하였다.

당신이 기꺼이 그렇게 한다면……

우리 가족은 내가 중학교 2학년이었을 때 갈보리교회에 출석하기 시작했다. 그 교회는 교인 수가 수천 명이나 되는 대형교회였다. 그 교회의 담임목사였던 장인어른은 이름과 얼굴을 잊어 버리지 않는 놀라운 기억력을 가지고 있었다. 당신이 그분을 한 번만이라도 만난다면, 그분은 아마 당신의 이름을 죽을 때까지 기억할 것이다. 교회가 그렇게 컸지만 그는 교인들 대부분과 친밀한 관계를 가지고 있었다. 매우 친절했기 때문에 사람들은 그를 매우 편하게 생각했다.

내가 응급상태에 빠져 집중치료실에서 생사를 오고갈 때, 우리 부모님은 새벽 두 시임에도 불구하고 그에게 전화를 걸어 심방을 요청할 정도였다. 그때 나는 그 길로 죽는 줄 알았다.

전화를 받고 10분도 안 되어 나의 미래 장인이 될 사람이 검은 양복을 입고 나타났다. 새벽에 집으로 돌아간 그는 분명 늦잠을 잤을 것이다.

그분의 손은 무척 커서 마치 커다란 갈고리 같았다. 그가 누군가를 위하여 기도할 때, 그의 손은 그 사람의 머리를 모자처럼 덮었다. 그가 나의 머리에 손을 얹었을 때, 나는 하나님이 그의 기도에 응답하시지 않을 도리가 없을 것이라고 생각했다. 그분의 하나님을 향한 신실함은 다른 사람들을 무장해제시켰다. 그의 믿음은 다른 사람들에게 확신을 갖게 했다.

그는 전화를 걸어 부목사를 보낼 수도 있었지만, 그렇게 하지 않았다. 그는 아침까지 기다릴 수 있었지만, 그렇게 하지 않았다. 그는 사경을 헤매는 아이를 위하여 기도하려고 하룻밤의 숙면을 희생했다. 그는 이 아이가 언젠가 자신의 딸 로라와 결혼하게 될 것을 전혀 알지 못했다. 그는 이 아이가 언젠가 배앓이를 하는 '파커'라는 이름의 아기를 첫 번째 손자로 그에게 안겨 주리라는 것을 전혀 알지 못했다. 그가 그것을 알 수 있는 방법은 전혀 없었지만, 이것이 기도의 신비였다.

당신은 당신이 누구를 위하여 기도하며, 누가 당신을 위하여 기도하는지 다 알 수 없다. 당신은 하나님이 언제 그리고 어떻게 당신의 기도에 응답하실지도 알 수 없다. 그러나 당신은 확신할 수 있다. 당신의 기도가 다음 세대에서 당신의 가족의 길을 결정한다는 것을 말이다. 만일 당신이 기꺼이 수면 싸이클을 방해받을 준비가 되어 있다면, 당신이 기꺼이 무릎을 꿇고 당신의 가족을 위하여 중보기도를 한다면, 하나님은 당신이 떠난 후 오랜 세월이 지나서라도 당신의 기도에 응답하실 것이다.

자신감을 잃지 마라. Don't lose heart.

희망을 잃지 마라. Don't lose hope.

믿음을 잃지 마라. Don't lose faith.

기도의 원 그리기를 계속하라! Keep circling!

기도는 심는 것이다

호니는 그의 인생 말년에, 먼지 나는 길을 걷다가 어떤 사람이 캐럽 나무_{초콜릿 맛이 나는 열매를 맺는 콩과 식물로 유럽과 지중해 유역에 분포함-역자 주} 심는 것을 보았다. 호니는 그에게 물었다.

"그 나무가 열매를 맺으려면 얼마나 걸리나요?"

"70년입니다."

"당신은 70년 후에 당신이 그 열매를 따먹을 수 있다고 생각하나요?"

"그렇지 못하겠지요. 그러나 나도 이 세상에 태어났을 때, 우리 아버지와 할아버지가 심어 놓은 캐럽 나무들의 열매를 따먹었습니다. 그들이 나를 위하여 나무를 심었던 것처럼, 나도 우리 자녀들과 손주들이 이 나무의 열매를 따먹을 수 있도록 심는 것입니다."

> 우리가 죽어도 우리의 기도는 죽지 않는다.

이 사건은 호니가 기도하는 방식을 바꾸어 놓았다. 그 순간 호니는 '기도 또한 심는 것'이라는 사실을 깨달았다. 모든 기도는 땅에 심겨지는 씨앗과 같다. 그것은 한 계절 동안 사라져 눈에 보이지 않지만, 결국에는 미래의 세대들을 축복하는 열매를 맺게 된다. 사실 우리의 기도는 영원히 열매를 맺는다. 우리가 죽어도 우리의 기도는 죽지 않는다. 모든 기도는 하나님께 드려지는 순간 생명을 갖게 되는데, 그 생명은 영원히 끝나지 않는다.

우리는 우리의 삶을 더 빠르고 더 쉽게 만들어 주는 문화에 둘러싸여 있다. 또 그런 관점으로 영적 실체를 생각하는 경향이 있다. 그래서 씨를 뿌리는 동시에 수확하기를 원한다. 하나님이 전자레인지로 응답해 주시기를 원하며, 내비게이션으로 인도해 주시기를 원하며, 트위터Twitter로 지시해 주시기를 원한다. 우리는 땅에 심겨진 씨앗이 싹을 틔울 때까지 기다리지 못한다. 빛의 속도로 무슨 일이 일어나기를 원한다. 우리는 우리의 기도들이 즉각 응답되기를 원하지만, 그것은 하나님께서 일하시는 방식이 아니다.

당신의 자녀들은 지금으로부터 70년 후에 열매를 맺게 될 캐럽 나무들이다. 부모로서 우리는 심는 자의 인내와 농부의 안목과 씨 뿌리는 자의 사고방식을 가져야 한다.